LiEBE ELTERN,

die ersten Jahre in der Grundschule sind eine spannende Reise – voller neuer Erfahrungen, Herausforderungen und kleiner und großer Entwicklungsschritte. Mit diesem Buch haltet ihr einen Kompass in der Hand, der euch und euer Kind sicher durch diese besondere Zeit begleitet.

„Der ultimative Grundschulkompass" ist ein Mitmachbuch für Eltern und Kinder, das zum gemeinsamen Stöbern, Spielen und Staunen einlädt. Hier findet ihr kindgerechte Tipps und Tricks, kreative Übungen, Gesprächsimpulse und kleine Alltagshelfer – spielerisch verpackt und pädagogisch durchdacht.

Macht es euch gemütlich und nehmt euch bewusst Zeit – vielleicht als tägliche Routine am Abend, nach der Schule oder einfach zwischendurch. Ihr könnt das Buch Seite für Seite durchgehen oder gezielt die Themen auswählen, die euch gerade beschäftigen. Ob Gefühle, Freundschaften, Konzentration oder Pausenspaß – ihr entscheidet, was jetzt wichtig ist.

Viel Freude beim gemeinsamen Entdecken!

INHALT

WILLKOMMEN

BEI DEINEM ABENTEUER SCHULE!

Dieses Buch ist dein Kompass auf deiner verrückten Reise in die Welt der Schule.
Die tosenden Wellen des Alltags krachen mal wieder über dir zusammen? Du drohst im dichten Dschungel deines Lernstoffs stecken zu bleiben? Du fühlst dich gestrandet auf einer Insel aus purer Langeweile? Du begegnest deinem fiesesten Gegner: deiner Angst?

Egal, was dich auf deinem Abenteuer erwartet – dieses Buch weiß Rat. Mit hilfreichen Tipps und Tricks, verrückten Infos und coolen Mitmachideen zeigt es dir zielsicher den Weg raus aus den Problemen und rein in den Schulspaß. Denn davon werden die nächsten Jahre garantiert eine Menge für dich bereithalten.

Aber lass uns keine Zeit mehr verschwenden! Da draußen wollen Welten von dir entdeckt werden. Viel Glück! Und vor allem: Viel Spaß!

DIESEN WEGWEISERN WIRST DU UNTERWEGS BEGEGNEN:

Tipps & Tricks

Fun Facts

Kreative Mitmachideen

ABENTEUER SCHULE

LÜFTE DIE GEHEIMNISSE DES SCHULALLTAGS

SO FINDEST DU DICH IN DEINER SCHULE ZURECHT

Als du noch im Kindergarten warst, kanntest du jede noch so versteckte Ecke. Du wusstest, wo du das coolste Spielzeug findest, wo du deine Jacke aufhängst und wo du deine geheimen Schätze aufbewahrst – und wahrscheinlich hättest du sogar im Schlaf den Weg aufs Klo gefunden. In der Schule ist das erst einmal ganz anders. Der Schulhof, die Gänge mit den vielen Räumen und sogar die anderen Kinder: Alles wirkt hier RIESIG. Aber keine Angst: Es wird nicht lange dauern, bis du auch hier alle coolen Geheimverstecke kennst.

Hier ein paar Tipps, die dir helfen, dich in deiner Schule zurechtzufinden:

TIPP 1: KLASSENZIMMER-KENNZEICHEN: DU WARST KURZ AUF DEM KLO UND AUF EINMAL BIST DU DIR NICHT MEHR SICHER, IN WELCHES ZIMMER DU ZURÜCKMUSST, WEIL PLÖTZLICH ALLE TÜREN GLEICH AUSSEHEN? UM SOLCHE SITUATIONEN ZU VERHINDERN, MERK DIR AM BESTEN VORHER SCHON EINE BESONDERHEIT AN DER TÜR DEINES KLASSENZIMMERS (ODER AN DEN RÄUMEN, IN DENEN DU SONST UNTERRICHT HAST). VIELLEICHT IST ES EIN AUFKLEBER, EIN BISSCHEN DRECK AN DER TÜR ODER GEBASTELTE DEKO? MERK DIR SOLCHE KLEINIGKEITEN AN DEN TÜREN, WO DU REGELMÄSSIG UNTERRICHT HAST. SO FINDEST DU GARANTIERT ZURÜCK!

TIPP 2: **TOILETTEN-TAKTIK:** MANCHMAL MUSS MAN EINFACH GANZ DRINGEND. BLÖD, WENN AUSGERECHNET DANN DIE KLOS BESETZT SIND! ABER WAHRSCHEINLICH GIBT ES IN DEINER SCHULE MEHRERE TOILETTEN. PROBIER AM BESTEN ZU BEGINN DEINER SCHULZEIT MAL ALLE KLOS AUS, AUF DIE DU GEHEN KANNST. SO WEISST DU IM NOTFALL, WO DU HINGEHEN KANNST, UND MUSST NICHT ERST SUCHEN.

TIPP 3: **FREUNDEFINDER:** VIELLEICHT GEHT EIN FREUND ODER EINE FREUNDIN VON DIR IN EINE ANDERE KLASSE ALS DU. ODER EINER DEINER FREUNDE RENNT IMMER ALS ERSTES ZUR TÜR RAUS NACH DER STUNDE, WÄHREND DU NOCH GEMÜTLICH DEINE SACHEN ZUSAMMENPACKST. DAMIT IHR EUCH IN DER PAUSE TROTZDEM WIEDERFINDET, VERABREDET DOCH EINEN FESTEN TREFFPUNKT. SO WISST IHR IMMER, WO IHR EUCH FINDET.

MACH MIT

DEINE VERRÜCKTE SCHUL-RALLYE: WIE GUT KENNST DU DEINE SCHULE?

Bist du bereit für eine spannende Mission? Schnapp dir deine Lupe, dein Notizbuch und wenn du magst auch ein paar Freunde! Es ist Zeit für das verrückteste Schul-Quiz aller Zeiten! Wir gehen auf eine abenteuerliche Rallye durch deine Schule und du wirst herausfinden, wie gut du dein Schulgebäude wirklich kennst. Hier ist deine Herausforderung:

- Irgendwo in deiner Schule gibt es garantiert eine Lampe, die nicht mehr richtig funktioniert. Findest du sie?

- Jede Schule hat ihre kleinen Geheimnisse. Gibt es eine versteckte Ecke oder einen besonderen Platz, den nicht jeder kennt?

- Finde etwas in der Schule, das schon richtig alt aussieht. Vielleicht eine alte Uhr, ein Bild, Gekritzel von früheren Schülern?

- Welcher Raum in der Schule ist der coolste und warum? Ist es wegen der Deko, der Aussicht oder etwas anderem?

- Gibt es irgendwo in der Schule einen Ort, der ganz besonders riecht?

WERDE PACK-PROFI: TIPPS FÜR ORDNUNG IN DEINER SCHULTASCHE

Hier ein Arbeitsblatt in Deutsch, da die Aufgaben im Matheheft, Elternpost abgeben nicht vergessen und bloß die Sportsachen nicht liegen lassen! Viele Fächer bringen gerne auch mal viel Chaos mit sich. Immerhin muss man für jedes einzelne Fach an unterschiedliche Sachen denken. Mit ein paar einfachen Tipps bringst du Ordnung in deine Schultasche – und in deinen Kopf.

TIPP 4: **FARBENFROHE HELFER:** DIE FARBIGEN UMSCHLÄGE UND MAPPEN SIND NICHT NUR EINFACH SCHÖN BUNT, SONDERN SIE SOLLEN DIR AUCH EINE HILFE SEIN. SO ERKENNST DU AUF EINEN BLICK, WELCHE SACHEN DU FÜR WELCHES FACH BRAUCHST. TIPP: GESTALTE DEINEN STUNDENPLAN DOCH GLEICH AUCH IN DIESEN FARBEN: WENN DEINE DEUTSCHSACHEN ZUM BEISPIEL BLAUE UMSCHLÄGE HABEN, SCHREIBST DU „DEUTSCH“ AUCH IN BLAU AUF. SO SIEHST DU AUF EINEN BLICK, WELCHE HEFTE UND MAPPEN DU FÜR EINEN TAG EINPACKEN MUSST.

TIPP 5: **PACK-PROFI:** PACKE DEINE SCHULTASCHE IMMER SCHON AM ABEND VOR DER SCHULE. DA KANNST DU NOCH EINMAL IN RUHE ÜBERLEGEN, WAS DU BRAUCHST, UND SPARST DIR DEN STRESS AM NÄCHSTEN MORGEN. FÜNF MINUTEN LÄNGER SCHLAFEN LOHNT SICH SCHLIESSLICH. ACHTE BEIM PACKEN AUCH DARAUF, WIRKLICH NUR DIE HEFTE UND BÜCHER EINZUPACKEN, DIE DU AM NÄCHSTEN TAG WIRKLICH BRAUCHST.

TIPP 6: **GEHEIMFACH-GENIE:** NUTZE DIE KLEINEN FÄCHER DEINER SCHULTASCHE! DIE SIND NICHT NUR DEKO, SONDERN SOGAR RICHTIG PRAKTISCH. SUCH DIR ZUM BEISPIEL EIN KLEINES FACH RAUS, IN DEM DU IMMER DEINE WICHTIGEN DINGE VERSTAUST: SCHÜLERAUSWEIS, BUSTICKET UND VIELLEICHT SOGAR DEINE WOHNUNGSSCHLÜSSEL. SO HAST DU ALLES WICHTIGE IMMER SOFORT GRIFFBEREIT. SO KOMMST DU GAR NICHT ERST IN DIE SITUATION, IM BUS HEKTISCH DEINE GANZE TASCHE NACH DEINEM TICKET DURCHWÜHLEN ZU MÜSSEN.

TIPP 7: **NOTFALL-KIT:** „NOTFALL", DAS KLINGT GAR NICHT GUT. DAS KLINGT NACH ANGST, ALLEINSEIN UND AUA. ABER KEINE SORGE, DARUM GEHT'S HIER NICHT. IMMERHIN GIBT ES AUCH ANDERE NOTFÄLLE. SO WAS WIE: ES IST SOMMER, DIE SONNE KNALLT, DIE SCHWEISSPERLEN KULLERN, DER EISMANN KLINGELT ... UND DU HAST ALS EINZIGES KIND KEIN GELD DABEI. GEHT JA MAL GAR NICHT! PACK DIR ALSO EIN KLEINES „NOTFALL-KIT" IN EIN GEHEIMFACH DEINER SCHULTASCHE. IMMER GUT DABEI ZU HABEN: ETWAS GELD, EIN PAAR PFLASTER, TASCHENTÜCHER UND EIN COOLES SPIEL ZUM ZEITVERTREIB.

ANDERE LÄNDER, ANDERE FÄCHER

Lesen, Schreiben, Rechnen – in der Schule lernst du jede Menge Dinge, die dir im späteren Leben noch helfen werden. Trotzdem lernt nicht jedes Kind auf der Welt die gleichen Dinge. Hier ein paar verrückte Schulfächer, die es in anderen Ländern gibt.

Japanische Schulen bieten ein Fach namens „Kalligrafie“ an, in dem die Schüler lernen, mit traditionellen Pinseln und Tinte kunstvoll zu schreiben.

In Brasilien ist das Fach „Umwelterziehung“ Pflicht, wo Schüler lernen, wie man die Umwelt schützt.

In indischen Schulen gibt es oft das Fach „Yoga“. Da macht man aber nicht nur die sportlichen Yoga-Übungen, sondern lernt auch viele Techniken, um ruhiger zu werden und sich gut zu fühlen.

In australischen Schulen können Schüler „Outdoor Education“ („Unterricht draußen“) belegen. Dort gehen sie mit ihren Lehrern in der Wildnis wandern, campen, Kajak fahren, Raften und Co. So machen sie nicht nur Sport, sondern lernen auch gleich noch einen guten Umgang mit der Natur und wie man plötzlich auftretende Probleme lösen kann.

In Südkorea gibt es das Fach „Robotik“, in dem Schüler lernen, wie man Roboter baut und programmiert.

In Armenien ist Schach ein Pflichtfach in allen Schulen. Bereits in der Grundschule lernen Kinder dieses strategische Spiel. Das soll die Denkfähigkeit fördern.

In Dänemark ist es üblich, dass Schulen Tanzen in ihren Lehrplan integrieren. Das macht nicht nur Spaß, sondern tut auch richtig gut.

SO FINDEST DU HERAUS, WIE DER HASE LÄUFT

Wenn alles neu ist, kann das schon mal ganz schön überfordernd sein. Manche Kinder fühlen sich schon nach einer Woche in der neuen Schule wie zu Hause. Andere fühlen sich auch nach einem Jahr noch nicht ganz sicher. So oder so: Das ist völlig normal! Vielleicht hast du schon mal einen Moment in der Schule erlebt, in dem du dich ganz allein gefühlt hast und bitterlich zu weinen angefangen hast. Vielleicht hast du auch mal etwas falsch gemacht, einfach weil du es nicht besser wusstest – und hättest dich danach am liebsten in Luft aufgelöst. So was passiert. Aber weil sich das natürlich nicht besonders toll anfühlt, gibt's jetzt hier ein paar Tipps für dich, wie du dich schnell wie ein alter Hase in deiner Schule fühlst.

TIPP 8: **ROCK DEINE ROUTINEN:** WENN ALLES NEU IST, HELFEN DIR ROUTINEN, UM DICH BESSER ZURECHTZUFINDEN. „ROUTINEN, SIND DAS NICHT DIE SCHRUMPELIGEN DINGER IM MÜSLI, DIE ICH NOCH NIE LEIDEN KONNTE?", DENKST DU JETZT VIELLEICHT. ABER NEE. WARTE. ROUTINEN HABEN MIT ROSINEN NICHTS ZU TUN – AUSSER DU WILLST ES ZU DEINER GEWOHNHEIT MACHEN, JEDEN MORGEN EIN PAAR ROSINEN ZU ESSEN. DAS SIND NÄMLICH ROUTINEN: GEWOHNHEITEN, KLEINE ANGEWOHNHEITEN, DIE DU JEDEN TAG MACHST.

IRGENDWANN MACHST DU VIELE DINGE DANN SO AUTOMATISCH, DASS DU GAR NICHT MEHR DARÜBER NACHDENKEN MUSST. LAUFEN ZUM BEISPIEL. ODER ZÄHNEPUTZEN. DAS HILFT DEINEM GEHIRN, SICH AUF DIE WICHTIGEREN SACHEN ZU KONZENTRIEREN – ZUM BEISPIEL DEINE MATHEAUFGABEN. AUSSERDEM GIBT ES DIR EIN GUTES GEFÜHL, WENN DU WEISST, WAS ALS NÄCHSTES DRANKOMMT. SCHAFF DIR ALSO MÖGLICHST VIELE SOLCHER KLEINEN ABLÄUFE, DIE DU AN JEDEM TAG GLEICH MACHST. VIELLEICHT VERABREDEST DU DICH AN JEDEM TAG ZUR GLEICHEN UHRZEIT MIT DEINEM FREUND FÜR DEN SCHULWEG? ODER DU WIRFST AM ANFANG JEDER PAUSE NOCH EINMAL EINEN BLICK AUF DEINEN STUNDENPLAN, DAMIT DU IMMER WEISST, WELCHES FACH ALS NÄCHSTES ANSTEHT?

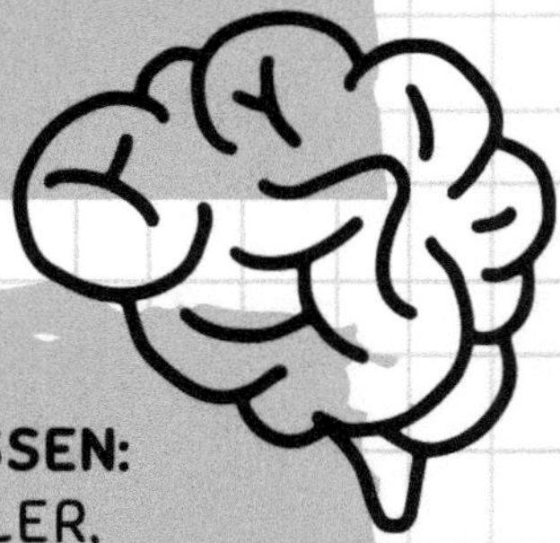

TIPP 9: **LERNE VON DEN GROSSEN:**

EGAL OB VIERTKLÄSSLER, LEHRER ODER HAUSMEISTER: SIE ALLE HABEN WAHRSCHEINLICH SCHON EIN PAAR JAHRE LÄNGER AN DEINER SCHULE VERBRACHT ALS DU. DAS BEDEUTET: SIE HABEN JEDE MENGE WISSEN. DABEI IST JEDER EXPERTE FÜR UNTERSCHIEDLICHE FRAGEN. VIERTKLÄSSLER KÖNNEN DIR VIELLEICHT VERRATEN, WO ES DAS BESTE GEHEIMVERSTECK GIBT, DEINE LEHRER HELFEN DIR, WENN DU EIN PROBLEM HAST, UND DER HAUSMEISTER TAUSCHT ZUM BEISPIEL DIE UNHEIMLICH FLACKERNDE LAMPE AUS.

WENN DU DEMNÄCHST ALSO NICHT WEITERWEISST, FRAG EINFACH EINEN EXPERTEN. WAS AUCH HILFT: BEOBACHTEN! SCHAU EINFACH, WIE SICH DIE GROSSEN KIDS VERHALTEN, WO SIE HINGEHEN, WAS SIE MACHEN, WELCHE REGELN SIE BEFOLGEN. NICHT NUR TIERE LERNEN DURCH NACHMACHEN – WIR ALLE TUN ES.

TIPP 10: WER NICHT FRAGT, BLEIBT DUMM:

DUMM: NATÜRLICH BIST DU NICHT DUMM, ABER ES STIMMT SCHON: MIT FRAGEN WIRST DU NOCH SCHLAUER. WENN DU WAS NICHT VERSTEHST, FRAG NACH! SCHLIESSLICH BIST DU DOCH GENAU DESHALB IN DER SCHULE: UM ZU LERNEN. AUCH WENN DU DENKST, DASS DU EINE „DUMME“ FRAGE STELLEN KÖNNTEST ODER DU DICH SCHÄMST, WEIL ES SOWIESO SCHON DREIMAL ERKLÄRT WURDE – EGAL! NIEMAND KANN IN DEINEN KOPF GUCKEN UND WISSEN, WAS DU VERSTANDEN HAST UND WAS NICHT. HILF DEN LEUTEN IN DEINER UMGEBUNG ALSO, INDEM DU FRAGEN STELLST. DANN WISSEN SIE, WO DAS PROBLEM LIEGT, UND HABEN BESTIMMT COOLE IDEEN, DIE DINGE NOCH EINMAL GANZ ANDERS ZU ERKLÄREN. FRAGEN ZU STELLEN IST SOGAR EINE DEINER WICHTIGSTEN MISSIONEN BEI DEINEM ABENTEUER SCHULE.

ERWACHSENE SIND AUCH NUR MENSCHEN

Manchmal geht im Leben alles drunter und drüber, oder? Du hast zum dritten Mal deine Hausaufgaben vergessen, plötzlich ist deine Hose nass, und wo zum Kuckuck war noch mal die Kreide, die du holen sollst? Keine Sorge, passiert den Besten – und ja, auch deinen Lehrern. Gut, in die Hose gemacht haben sie wahrscheinlich schon etwas länger nicht mehr (aber wer weiß!). Vor Peinlichkeiten, Ängsten und Unsicherheiten sind aber auch sie nicht sicher. Und erst recht nicht davor, Fehler zu machen.

Vielleicht hast du es schon mal erlebt, dass ein Erwachsener total ungerecht war. Das ist richtig doof und fühlt sich schrecklich an – kann aber leider mal vorkommen: Erwachsene sind schließlich auch nur Menschen. Es kann vorkommen, dass sie mal etwas missverstehen oder in einer stressigen Situation nicht ganz fair reagieren. Aber das Wichtigste ist: Sie versuchen immer, das Beste für dich zu tun.

Wenn dir also mal etwas Unangenehmes passiert oder du dich ungerecht behandelt fühlst, sprich es ruhig an. Deine Lehrer wissen, wie es ist, Fehler zu machen, und sie wollen dir helfen, alles wieder ins Lot zu bringen. Sie haben ein offenes Ohr für dich, denn auch sie haben gelernt, mit peinlichen Situationen, Missverständnissen und Ängsten umzugehen.

Überleg mal: Alle deine Lehrer sind mindestens doppelt so alt wie du – die meisten wahrscheinlich noch viel älter. Das ist eine lange Zeit, in der sie viele verrückte, schöne und unschöne Dinge erlebt haben. Von so ein bisschen Pippi lassen sie sich da garantiert nicht aus der Ruhe bringen. Es ist sogar ziemlich wahrscheinlich, dass ihnen auch schon mal was richtig Peinliches passiert ist. Und auch sie haben öfter mal total Schiss. Vielleicht waren deine Lehrer sogar vor dem Beginn des Schuljahrs genauso aufgeregt wie du.

Glaubst du nicht? Dann frag doch mal nach!

FRAG DEINEN LEHRERN LÖCHER IN DEN BAUCH!

MACH MIT

Hast du Lust, deine Lehrer besser kennenzulernen? Dann trau dich ruhig, ihnen ein paar Fragen zu stellen, die man normalerweise eher nicht so stellt. Vielleicht erfährst du dabei das ein oder andere Geheimnis. So oder so wirst du danach ganz bestimmt zustimmen: Lehrer sind auch nur Menschen!

„Waren Sie aufgeregt, als Sie das erste Mal unsere Klasse kennengelernt haben?"

„Was machen Sie am Wochenende am liebsten?"

„Haben Sie ein lustiges Hobby?"

„Was war Ihr Traumberuf, als Sie klein waren?"

„Ist Ihnen schon mal was richtig Peinliches passiert, woran Sie immer noch manchmal denken müssen?"

„Singen Sie unter der Dusche?"

„Haben Sie als Kind mal Streiche gespielt?"

„Was ist das Verrückteste, was Sie je gemacht haben?"

„Erinnern Sie sich an Ihren ersten Tag als Lehrer? Wie war das?"

„Was machen Sie, wenn Sie so richtig sauer sind?"

DIE REISE BEGINNT

FINDE DEINEN WEG ZUR SCHULE

RETTE SICH, WER KANN! TIPPS FÜR DEINE SICHERHEIT AUF DEM SCHULWEG

Zugegeben: Sicherheit und Regeln – das klingt erst mal nicht nach besonders viel Spaß. Aber wichtig sind sie natürlich trotzdem. Gerade im Straßenverkehr ist es wichtig, dass du ganz besonders gut aufpasst, damit du sicher ans Ziel kommst. Aber wenn deine Familie weiß, dass du immer gut aufpasst, darfst du vielleicht irgendwann sogar allein zur Schule gehen – wie die Großen! Und ja: Da darfst du stolz drauf sein!

TIPP 11: HELME SIND HELDEN:

„SCHON 1000 MAL GEHÖRT", DENKST DU JETZT. „HELME SIND WICHTIG, BLABLABLA, SCHON KLAR." ABER HAST DU SCHON MAL DARÜBER NACHGEDACHT, DASS HELME ECHTE HELDEN SIND? DENN WAS MACHEN HELDEN MEISTENS? LEBEN RETTEN ZUM BEISPIEL. ODER GLEICH DIE WELT, VERSTEHT SICH. AUCH WENN HELME VIELLEICHT NICHT DIE WELT RETTEN KÖNNEN, KÖNNEN SIE DEINE WELT RETTEN UND DEIN LEBEN. EGAL, OB DU MIT DEM FAHRRAD, ROLLER ODER SKATEBOARD UNTERWEGS BIST – EIN HELM IST DEIN SUPERHELDEN-HUT! WENN DEIN HELM DIR ZU LANGWEILIG IST, VERSCHÖNERE IHN DOCH NOCH. ES GIBT ZUM BEISPIEL COOLE STICKER, DIE AUCH NOCH REFLEKTIEREN.

TIPP 12: **FUNKELN IM DUNKELN:** WENN ES MORGENS NOCH DUNKEL IST, WÜRDEST DU WAHRSCHEINLICH AM LIEBSTEN IM BETT BLEIBEN. DEN AUTOFAHRERN, DIE UM DIESE ZEIT IHREN WEG ZUR ARBEIT ANTRETEN, GEHT ES WAHRSCHEINLICH ÄHNLICH. WENN DANN PLÖTZLICH AUS DER DUNKELHEIT EIN KIND VOR IHREM AUTO AUFTAUCHT, KRIEGEN SIE EINEN RIESIGEN SCHOCK. GANZ ZU SCHWEIGEN DAVON, DASS SO EINE BEGEGNUNG ECHT GEFÄHRLICH SEIN KANN. DAS PROBLEM: WENN DU NICHTS LEUCHTENDES AN DIR HAST, KÖNNEN DICH AUTOFAHRER ERST VIEL ZU SPÄT SEHEN. ALSO: BEFESTIGE DIR COOLE REFLEKTOREN AN DEINER SCHULTASCHE UND TRAG JACKEN MIT LEUCHTSTREIFEN. HIER GILT: VIEL HILFT VIEL!

TIPP 13: **NOTFALLNUMMER-NOTIZ:** WENN DU ALLEIN UNTERWEGS BIST, MACHT ES SINN, IRGENDWO EINEN KLEINEN ZETTEL BEI DIR ZU TRAGEN, AUF DEM DIE TELEFONNUMMER DEINER ELTERN DRAUFSTEHT. WEIL MAN SOLCHE ZETTEL NORMALERWEISE ABER JA NIE BRAUCHT, HABEN DIE AUCH DIE ANGEWOHNHEIT, AUF RÄTSELHAFTE WEISE ZU VERSCHWINDEN. PERFEKT EIGNET SICH ZUM BEISPIEL EINE INNENTASCHE IN DEINER JACKE ... UND IN DEINER SCHULTASCHE SOWIESO. ES KANN NICHT SCHADEN, SO EINEN ZETTEL DABEIZUHABEN – UND WENN WIRKLICH MAL WAS IST, IST'S SOGAR EINE RIESENHILFE.

VERKEHRSZEICHEN-SCHNITZELJAGD

MACH MIT

Wahrscheinlich sind dir schon mal die ganzen Verkehrszeichen auf den Straßen aufgefallen. Bestimmt kennst du das Stop-Zeichen und vielleicht sogar schon einige andere. Nutz doch deinen Schulweg mal, um auf die Jagd zu gehen: Findest du auf deinem Schulweg diese Verkehrszeichen? Kreise ein, welche du auf deinem Schulweg gesehen hast. Hast du eine Idee, was sie sagen wollen?

HÜPF DEINEN WEG!

COOLE SPIELE FÜR UNTERWEGS

Vielleicht gehst du mit deiner Mama oder deinem Papa zur Schule. Vielleicht triffst du dich mit einem Freund oder einer Freundin und ihr geht zusammen. Oder du bist ganz allein unterwegs. So oder so: Lustige Spiele unterwegs vertreiben die Langeweile und machen dir schon mal gute Laune für den Tag. Wichtig ist dabei – du kannst es dir denken –, dass du trotzdem aufmerksam deine Umgebung im Blick hast. Hier findest du also ein paar Spielideen, die Spaß machen und dir helfen, trotzdem auf deinen Weg zu achten.

TIPP 14: SCHATZSUCHER-HÜPFEN: AUF DEINEM WEG ZUR SCHULE GIBT ES VIELE FANTASTISCHE SCHÄTZE ZU ENTDECKEN. DENK DIR EINEN EIGENEN PARCOURS AUS, SPRINGE VON EINEM PUNKT ZUM NÄCHSTEN UND SAMMLE DABEI „SCHÄTZE“. VIELLEICHT IST JEDER GULLYDECKEL EIN GOLDSTÜCK UND JEDE PFÜTZE EIN MAGISCHER TEICH.

TIPP 15: **FARBEN-ZÄHLEN:** BEIM GEHEN ZÄHLST DU, WIE VIELE ROTE, BLAUE ODER GELBE DINGE DU SIEHST. DAS KANN ALLES SEIN – AUTOS, BLUMEN, BRIEFKÄSTEN ... WER BIS ZUR SCHULE DIE MEISTEN ROTEN DINGE GEFUNDEN HAT, GEWINNT!

TIPP 16: **ABC-SUCHE:** IN DER SCHULE LERNST DU SCHNELL DAS GANZE ABC. HÖCHSTE ZEIT, DEIN NEUES WISSEN AUCH ZU NUTZEN! SUCHE AUF DEINEM SCHULWEG DINGE, DIE MIT DEN BUCHSTABEN DES ABCS BEGINNEN. DAS KANNST DU AUCH WUNDERBAR MIT DEINEN FREUNDEN ODER DEINER FAMILIE SPIELEN: WER ALS ERSTER WAS MIT DEM GESUCHTEN BUCHSTABEN FINDET, GEWINNT DIE RUNDE UND DER NÄCHSTE BUCHSTABE IST DRAN.

MIT DER SEILBAHN ZUR SCHULE? DIE VERRÜCKTESTEN SCHULWEGE DER WELT

Nicht überall auf der Welt kommen die Kinder so einfach zur Schule wie du. An vielen Orten sind Schulen so selten, dass Kinder weite und abenteuerliche Wege auf sich nehmen müssen, um zur Schule zu kommen und lernen zu können.

In Kolumbien mit der Seilbahn über den Fluss: Einige Kinder benutzen in Kolumbien eine 800 Meter lange und 400 Meter hohe Stahlseilbahn, um den Rio Negro zu überqueren und zur Schule zu kommen. Zum Vergleich: Der Eiffelturm in Paris ist „nur" 300 Meter hoch.

Baumwurzelbrücken in Indien: In einigen Teilen Indiens überqueren Kinder natürliche Brücken aus Baumwurzeln – ein echter Dschungelweg zur Schule.

Bullenritt in Myanmar: Vergiss das Fahrrad, in Myanmar reiten manche Kinder auf einem Bullen zur Schule!

Himalaya-Wanderung in Indien: eine Expedition, die echte Ausdauer erfordert. Kinder wandern stundenlang durch die mächtigen Himalaya-Berge, um ihre Internatsschule zu erreichen.

Kanufahrt in Indonesien: Wie wäre es, statt dem Schulbus ein Kanu zu nehmen? In Indonesien paddeln Kinder durch die ruhigen Wasserstraßen, um zur Schule zu kommen.

KEINE PANIK! WIE DU DICH AUF DEM WEG SICHER FÜHLST

Rennt der Hund auf dich zu? Wieso guckt der Mann im schwarzen Pulli so grimmig? Hat das Auto, das aus der Einfahrt fährt, dich überhaupt gesehen? Vielleicht kennst du solche Momente, in denen du dich unterwegs unsicher fühlst. Vielleicht beschleicht dich aber auch nur ein ungutes Gefühl oder du bekommst plötzlich Angst, ohne so richtig zu wissen wovor eigentlich. Klar, die große weite Welt kann schon mal etwas beunruhigend sein. Aber du schaffst das! Und diese Tipps helfen dir dabei:

TIPP 17: **SICHERHEITSSPIELE:** WENN DU DICH AUF DEINEM SCHULWEG ETWAS UNSICHER FÜHLST, KANN EIN BISSCHEN ABLENKUNG HELFEN, ZUM BEISPIEL DURCH EIN SPIEL. WENN DAS NICHT KLAPPT, ÜBERLEG MAL, WOVOR DU EIGENTLICH ANGST HAST. STELL DIR DANN VOR, DU SEIST EIN GEHEIMAGENT AUF EINER WICHTIGEN MISSION. BEOBACHTE DEINE UMGEBUNG GENAU UND SUCHE NACH SICHEREN ORTEN WIE GESCHÄFTEN ODER HÄUSERN MIT NETTEN LEUTEN, WO DU IM NOTFALL HILFE BEKOMMEN KÖNNTEST. WECHSLE DIE STRASSENSEITE, WENN DU DICH UNSICHER FÜHLST, UND FINDE HERAUS, WELCHE ROUTEN AM BELEBTESTEN UND DAMIT AM SICHERSTEN SIND. SO FÜHLST DU DICH SICHERER UND HAST HOFFENTLICH AUCH NOCH SPASS AM AGENTENLEBEN.

TIPP 18: „WAS WÄRE WENN"-STRATEGIE:

TIPP 18: „WAS WÄRE WENN"-STRATEGIE: ÜBERLEGE DIR IM VORAUS, WAS DU IN VERSCHIEDENEN SITUATIONEN TUN WÜRDEST. „WAS WÄRE, WENN EIN FREMDER HUND AUF MICH ZUKOMMT?" ODER „WAS MACHE ICH, WENN ICH DEN WEG NICHT MEHR KENNE?" SOLCHE GEDANKENSPIELE BEREITEN DICH AUF UNTERSCHIEDLICHE MOMENTE VOR. SOLLTE ES DANN WIRKLICH ZU SO EINER SITUATION KOMMEN, FÄLLT ES DIR LEICHTER, DIE RUHE ZU BEWAHREN UND SCHNELL EINE LÖSUNG ZU FINDEN.

TIPP 19: HILFEEE! ÜBE IMMER MAL WIEDER, LAUT ZU SEIN UND LAUT ZU SCHREIEN. VIELLEICHT GEHT DAS IM SPORTUNTERRICHT, WENN SOWIESO ALLE WILD DURCHEINANDERSCHREIEN. JE ÖFTER DU DAS SCHREIEN ÜBST, DESTO WAHRSCHEINLICHER IST ES, DASS ES AUCH IN EINER GEFAHRENSITUATION KLAPPT. AUCH GUT: ÜBERLEGE DIR EINEN EINFACHEN SATZ, DEN DU DIR GUT MERKEN KANNST. SO WAS WIE: „ICH KENNE DICH NICHT, LASS MICH IN RUHE!", ODER AUCH EINFACH „GEHEN SIE WEG!" ES IST GUT, WENN DEIN SATZ KLARMACHT, DASS DU DIE PERSON NICHT KENNST (INDEM DU ES SAGST ODER SIE SIEZT). DANN WISSEN ANDERE, DASS DU DICH NICHT EINFACH NUR GERADE MIT DEINEM VATER STREITEST ODER GENERVT VON DEINER TRAINERIN BIST. ES IST WICHTIG, DASS DU KEINE ANGST DAVOR HAST, LAUT ZU SEIN, WENN DU DICH BEDROHT FÜHLST.

TIPP 20: SELBSTSICHERHEITSPOSE:

MANCHMAL HILFT ES, EINFACH SELBSTSICHER AUSZUSEHEN. MIT DIESEM KLEINEN TIPP KANNST DU DEIN GEHIRN EIN BISSCHEN AUSTRICKSEN. WENN DEIN GEHIRN MERKT, DASS DU GERADE SUPER SELBSTSICHER DASTEHST, LÄSST ES DICH AUCH EIN BISSCHEN SICHERER FÜHLEN. ÜBE DAFÜR DOCH ZU HAUSE VOR DEM SPIEGEL MAL EINE SELBSTSICHERE POSE – BRUST RAUS, KOPF HOCH UND AUFRECHT GEHEN. DU WIRST MERKEN, DASS DU DICH SCHNELL UNBESIEGBAR FÜHLST.

WO GEHT'S DENN HIER ZUR SCHULE?!

OH JE, DAS KIND HAT SICH AUF DEM SCHULWEG GANZ SCHÖN VERIRRT. KANNST DU IHM HELFEN, SEINEN WEG ZU FINDEN?

MACH MIT

LERNEN WILL GELERNT SEIN!

SUPERHIRN-TRICKS: WERDE ZUM LERN-NINJA!

Du hast deine Reise ins verrückte Reich der Schule angetreten. Du bist unterwegs zu neuen Abenteuern, entdeckst täglich neue Welten und musst deine Fähigkeiten unter Beweis stellen – auch wenn der Alltag mal stürmisch ist. Damit deine Reise dir auch noch lange Spaß macht, ist es gut, ein paar Geheimtricks zu kennen. In der Schule bist du schließlich, um zu lernen. Wenn du also herausfindest, was du brauchst, um schnell – und vor allem mit Spaß! – zu lernen, wirst du noch lange ganz viel Freude auf deiner abenteuerlichen Reise haben.

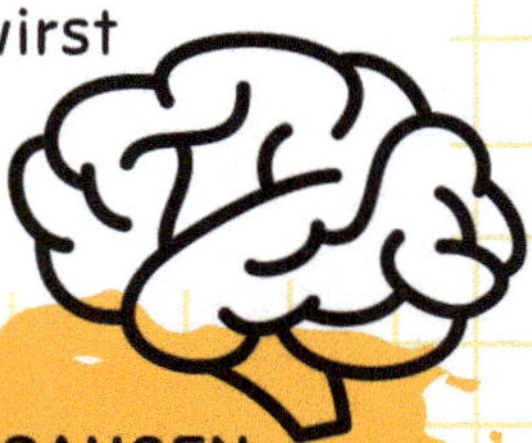

TIPP 21: PAUSEN, PAUSEN, PAUSEN:

UNTERSCHÄTZE NIE DIE MAGISCHE MACHT DER PAUSEN! EGAL, WAS DU VERSUCHST, ZU LERNEN – MACH IMMER WIEDER PAUSEN ZWISCHENDURCH! AM BESTEN NUTZT DU DEINE PAUSEN, UM DICH EIN BISSCHEN ZU STRECKEN ODER EINEN KURZEN TANZ EINZULEGEN. DAS MACHT NICHT NUR SPASS, SONDERN HILFT AUCH. DIE BEWEGUNG WIRKT AUF DEIN GEHIRN WIE EIN LADEKABEL: NACH EINER KURZEN PAUSE MIT FRISCHER LUFT, BEWEGUNG UND EINEM GESUNDEN SNACK WIRST DU DIR PLÖTZLICH VIEL MEHR MERKEN KÖNNEN. ÜBRIGENS: DAS GLEICHE GILT FÜR GUTEN SCHLAF.

VIELLEICHT IST ES DIR AUCH SCHON MAL PASSIERT, DASS DU AN EINEM TAG UNBEDINGT ETWAS LERNEN WOLLTEST – ABER EGAL, WIE SEHR DU DICH ANGESTRENGT HAST: ES HAT EINFACH NICHT GEKLAPPT. AM NÄCHSTEN TAG PROBIERST DU ES NOCH EINMAL – UND AUF EINMAL GEHT ES WIE VON SELBST. WAS ERST MAL WIE EIN VERRÜCKTES WUNDER WIRKEN MAG, IST EIGENTLICH GANZ LOGISCH: NACH EINER ERHOLSAMEN PAUSE IST DEIN GEHIRN WIEDER FIT UND ENTSPANNT. SO KANN ES VIEL BESSER DAS ANWENDEN, WAS DU IHM AM TAG VORHER UNBEDINGT BEIBRINGEN WOLLTEST.

TIPP 22: **FARBENFROHES LERNEN:** NUTZE BUNTE STIFTE ODER MARKER, UM DEINE NOTIZEN AUFZUPEPPEN. DAS MACHT NICHT NUR SPASS, SONDERN HILFT DIR AUCH, DICH BESSER ZU ERINNERN. DU KANNST AUCH KLEINE BILDER ODER SYMBOLE DAZU MALEN. BILDER MERKEN WIR UNS OFT LEICHTER ALS WORTE.

UNENDLICHER SPEICHERPLATZ?! WARUM DEIN GEHIRN BESSER IST ALS JEDER PC

Dein Gehirn ist ein echter Supercomputer. Wissenschaftler schätzen, dass es Informationen im Bereich von Petabytes (das sind Tausende von Terabytes) speichern kann.

Im Vergleich: Ein guter Computer hat höchstens einen Terabyte Speicherplatz. Das heißt, dass dein Gehirn alle Infos von mehr als 1.000 Computern speichern kann. Es kann sich an unzählige Dinge erinnern und verarbeitet mehr Informationen pro Sekunde als jeder Computer. Außerdem lernt dein Gehirn immer weiter, egal, wie alt du bist. Es verändert sich und passt sich an – so wird es ständig schlauer und besser in dem, was es tut. Also, gib deinem Superhirn die beste Pflege mit genug Schlaf, gutem Essen und spannenden Herausforderungen!

BAU DEINEM ESEL EINE BRÜCKE!

Eselsbrücken sind deine Geheimwaffe, um dir alles Mögliche zu merken. Von lustigen Reimen bis hin zu verrückten Geschichten – mit diesen Ideen wirst du der Meister der Merkhilfen sein.

TIPP 23: **MERKSÄTZE:** ERFINDE SÄTZE, BEI DENEN DER ERSTE BUCHSTABE JEDES WORTES FÜR ETWAS STEHT, WAS DU DIR MERKEN MÖCHTEST. BEISPIEL: „MEIN VATER ERKLÄRT MIR JEDEN SONNTAG UNSERE NEUN PLANETEN“ FÜR DIE PLANETEN UNSERES SONNENSYSTEMS.

TIPP 24: **REIME UND LIEDER:** DICHTE KLEINE REIME ODER LIEDER ZU DEINEM LERNSTOFF. MUSIK UND RHYTHMUS HELFEN BEIM MERKEN.

TIPP 25: **VERKNÜPFUNGEN:** VERKNÜPFE NEUEN LERNSTOFF MIT DINGEN, DIE DU SCHON WEISST. SO BAUST DU EINE BRÜCKE IN DEINEM KOPF. WENN DU ZUM BEISPIEL SCHON WEISST, WIE EIN „I“ GESCHRIEBEN WIRD, KANNST DU DIR BESTIMMT AUCH LEICHT DEN BUCHSTABEN „T“ MERKEN. ODER WENN DU WEISST, DASS 2+2 4 ERGIBT, WIRD ES DIR WOHL AUCH NICHT SCHWERFALLEN, ZU GLAUBEN, DASS 20+20 40 ERGIBT.

WAS BIST'N DU FÜR'N TYP? FINDE DEINEN LERNSTIL!

MACH MIT

Jeder Mensch lernt anders, und es gibt verschiedene Arten, wie wir Informationen am besten aufnehmen und verstehen. Finde heraus, welcher Lernstil am besten zu dir passt. Beantworte dafür einfach die folgenden Fragen. Wahrscheinlich würdest du bei manchen Fragen am liebsten mehrere Antworten auswählen und bei anderen passt keine so richtig. Macht nichts! Such einfach die heraus, die am besten zutrifft.

WAS MACHST DU AM LIEBSTEN IN DEINER FREIZEIT?

A. Malen oder Filme schauen.
B. Musik hören oder Geschichten erzählen.
C. Sport treiben oder mit Lego bauen.
D. Mit Freunden abhängen und quatschen.
E. Rätsel lösen oder Computerspiele spielen, die zum Denken anregen.

WIE ERKLÄRST DU AM LIEBSTEN ETWAS, DAS DU GUT VERSTEHST?

A. Mit einer Zeichnung oder einem Diagramm
B. Indem ich es erkläre oder jemandem die Geschichte dazu erzähle.
C. Indem ich ein Modell davon baue oder es vormache.
D. Indem ich ein Gespräch darüber anrege.
E. Mit einer klaren, schrittweisen Anleitung

WIE MERKST DU DIR AM BESTEN DEN WEG ZU EINEM NEUEN ORT?

A. Durch das Anschauen einer Karte oder das Betrachten von Bildern des Ortes
B. Durch das Hören von Wegbeschreibungen oder das Fragen nach dem Weg
C. Indem du den Weg selbst gehst oder fährst.
D. Indem du über den Weg sprichst oder ihn anderen erklärst.
E. Indem du den Weg aufschreibst oder eine Liste von Abbiegungen machst.

WAS MACHST DU, WENN DU DICH FÜR EIN THEMA BESONDERS INTERESSIERST?

A. Du suchst dir Bücher mit vielen Bildern zu diesem Thema.
B. Du hörst Podcasts oder schaust Videos dazu an.
C. Du machst ein Projekt oder Experiment, das damit zu tun hat.
D. Du redest mit anderen darüber oder bringst es in der Schule zur Sprache.
E. Du liest Artikel oder Bücher und machst dir Notizen.

WENN DU DIR EINE ANLEITUNG FÜR EIN NEUES SPIEL DURCHLIEST, WIE LERNST DU DIE REGELN AM BESTEN?

A. Indem du dir die Bilder in der Anleitung anschaust.
B. Indem du dir die Anleitung laut vorliest oder jemand anderem dabei zuhörst.
C. Indem du das Spiel ein paar Mal ausprobierst.
D. Indem du das Spiel mit anderen besprichst und sie nach Tipps fragst.
E. Indem du die Anleitung durchliest und dir wichtige Punkte notierst.

NA, WELCHE ANTWORTMÖGLICHKEIT HAST DU AM ÖFTESTEN AUSGESUCHT?

MEISTENS A GEWÄHLT (VISUELLER TYP):
Du lernst am besten durch Sehen und Beobachten. Für dich könnten Zeichnungen oder ein Lernplakat super sein, auf dem du wichtige Infos bunt und mit vielen Bildern darstellst.

MEISTENS B GEWÄHLT (AUDITIVER TYP):
Deine Stärke ist das Lernen durch Hören. Hörbücher, Lieder oder Diskussionen helfen dir dabei, Informationen zu speichern. Vielleicht probierst du mal, zu einem Thema ein kleines Lied oder einen coolen Rap zu erfinden.

MEISTENS C GEWÄHLT (HAPTISCHER TYP):
Du bist ein „Anpacker“ und lernst durch Tun. Praktische Projekte sind super für dich. Du könntest zum Beispiel ein kleines Experiment zu einem Schulfach machen.

MEISTENS D GEWÄHLT (KOMMUNIKATIVER TYP):
Du lernst gut durch Gespräche und Austausch mit anderen. Rollenspiele und Gruppenarbeiten könnten dir helfen. Trau dich, dich in der Schule oft zu melden – dadurch wirst du die neuen Themen schnell lernen.

MEISTENS E GEWÄHLT (LOGISCHER TYP):
Du bevorzugst strukturiertes und logisches Denken. Listen, Tabellen und klare Schritt-für-Schritt-Anleitungen helfen dir beim Lernen. Versuch doch mal, deinen Lernstoff in kleine logische Einheiten zu zerlegen.

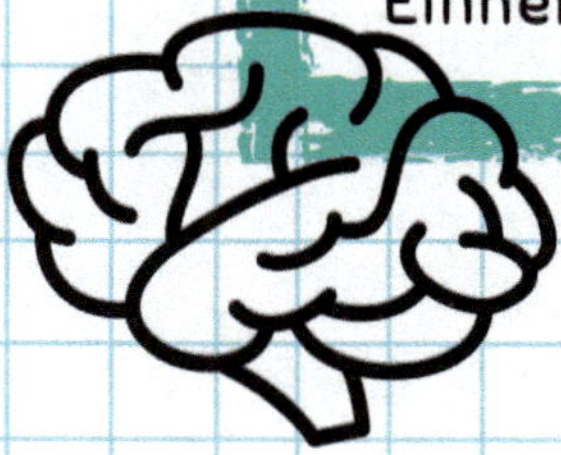

FINDE DEINE MEDIZIN GEGEN LAMPENFIEBER!

Etwas vor der Klasse vorlesen? Eine Klassenarbeit schreiben? Auf der Einschulung für die neuen Erstklässler ein Lied singen? In manchen Momenten ist dein Schulleben ganz schön aufregend. Vielleicht kennst du das Gefühl, wenn dein Herz wie verrückt klopft, die Hände schwitzen und die Stimme zittrig wird? Klarer Fall von Lampenfieber! Keine Sorge: Das geht schneller vorbei als jedes Fieber und eklige Medizin brauchst du dafür auch nicht.
Nur vielleicht diese Tipps:

TIPP 26: **TIEF DURCHATMEN:** WENN DU AUFGEREGT BIST, PROBIER MAL, LANGSAM UND RUHIG ZU ATMEN. „DAS KANN JA NICHT HELFEN", DENKST DU DIR BESTIMMT. SCHLIESSLICH ATMEST DU JA SOWIESO UND BIST TROTZDEM AUFGEREGT. DAS STIMMT. ABER BESTIMMT HAST DU ES AUCH NOCH NIE AUSPROBIERT, WIRKLICH AUF DEINE ATMUNG IN SO EINEM MOMENT ZU ACHTEN. DA HAT MAN SCHLIESSLICH GENUG ANDERES IM KOPF. ABER GENAU DARUM GEHT ES: WENN DU FÜR EIN PAAR MINUTEN NUR AUF DEINE ATMUNG ACHTEST, IST IN DEINEM KOPF WENIGER PLATZ FÜR ALL DIE GEDANKEN, DIE DIR ANGST ODER STRESS MACHEN. AUSSERDEM DENKT DEIN GEHIRN, WENN DU RUHIG ATMEST: „SO SCHLIMM KANN'S JA GAR NICHT SEIN, WENN MEIN MENSCH NOCH SO ENTSPANNT ATMEN KANN. DANN ENTSPANN ICH MICH WOHL AUCH MAL WIEDER." EINEN VERSUCH IST'S AUF JEDEN FALL WERT! WUNDERBAR ZUR BERUHIGUNG EIGNET SICH ZUM BEISPIEL DIE 4-7-8-TECHNIK: BEIM EINATMEN ZÄHLST DU BIS 4, DANN HÄLTST DU KURZ DIE LUFT AN UND ZÄHLST DABEI BIS 7. DANACH SCHNAUBST DU DIE GANZE LUFT 8 SEKUNDEN LANG RAUS (ALSO BIS 8 ZÄHLEN).

TIPP 27: **POSITIVES DENKEN:** WENN WIR VOR ETWAS ANGST HABEN, MALEN WIR UNS OFT GENAU AUS, WAS ALLES SCHIEFGEHEN KANN. IN UNSERER ANGST DENKEN WIR: „ICH KANN DAS NICHT" ODER: „DAS WIRD SOWIESO NIX." ABER STOPP! →

DADURCH WIRD DEINE ANGST NUR SCHLIMMER. MAL DIR LIEBER AUS, WAS PASSIERT, WENN ALLES RICHTIG GUT LÄUFT. STELL DIR GENAU VOR, WIE DIR ALLE ZUJUBELN ODER DEINE LEHRERIN DICH LOBT. VERSUCH AUCH IMMER WIEDER, DARAUF ZU ACHTEN, WAS DEINE GEDANKEN DIR GERADE ERZÄHLEN. SAGEN SIE DIR GERADE, DASS DU DAS SOWIESO NICHT SCHAFFST? DANN DENK DIR: „ICH WERDE EINFACH MEIN BESTES GEBEN." DIE ART, WIE DU DENKST, KANN AM ENDE WIRKLICH BEEINFLUSSEN, WIE ES LÄUFT. DAS, WAS DU DENKST, IST FÜR DEIN GEHIRN WIE EINE ÜBUNG: WENN DU IMMER WIEDER DENKST: „BESTIMMT STOLPER ICH GLEICH", IST DAS FÜR DEIN GEHIRN SO, ALS WÜRDEST DU FLEISSIG ÜBEN, ZU STOLPERN. DIE WAHRSCHEINLICHKEIT, DASS ES DIR DANN IN DEINEM GROSSEN MOMENT „GELINGT" UND DU WIRKLICH STOLPERST, IST HÖHER, ALS WENN DU NICHT DARÜBER NACHGEDACHT HÄTTEST. KLINGT WIE MAGIE? SO ÄHNLICH IST ES AUCH.

HAUSAUFGABEN BRAUCHT DOCH KEIN MENSCH! ODER ETWA DOCH?

Hausaufgaben können manchmal nerven, aber sie haben eigentlich einen coolen Job: Sie helfen deinem Gehirn dabei, das Gelernte zu speichern.

„Stell dir vor, dein Gehirn ist wie ein Muskel, und Hausaufgaben sind das Fitnessstudio für diesen Muskel. Indem du das, was du in der Schule lernst, zu Hause wiederholst, trainierst du dein Gehirn, Informationen besser zu behalten. Außerdem helfen Hausaufgaben dir, unabhängig zu arbeiten und Verantwortung zu übernehmen – zwei Superkräfte, die dir im Leben noch oft helfen werden!

HILFREICHE HAUSAUFGABEN-TIPPS: SO GEHT'S FIX WIE NIX

Die Sonne scheint, die Vögel zwitschern und du würdest am liebsten einfach nur rausgehen: Fußball spielen, Trampolin springen, geheime Schätze finden, Spielplatz-Parcours meistern, Eis essen… Eigentlich würde ALLES jetzt mehr Spaß machen als deine Hausaufgaben. Wie gut, dass du ein paar Tipps kennst, um schnell fertig zu werden:

TIPP 28: STÖRUNGEN AUSSCHALTEN: HANDY WEG, FERNSEHER AUS! KONZENTRATION IST ALLES! AM BESTEN PACKST DU ALLES WEG, WAS DICH ABLENKEN KÖNNTE. JA, AUCH DEIN LIEBLINGSSPIELZEUG. WENN DU ES SCHAFFST, GEDANKLICH GANZ BEI DEINEN HAUSAUFGABEN ZU SEIN, WERDEN SIE AUCH VIEL SCHNELLER FERTIG.

TIPP 29: **BELOHNUNGEN:** ÜBERLEG DIR ETWAS SCHÖNES, WAS DU NACH DEINEN HAUSAUFGABEN MACHEN WILLST. IRGENDWAS, WAS RICHTIG SPASS MACHT. UND WENN DU FÜR MEHRERE FÄCHER HAUSAUFGABEN ZU TUN HAST, DENK DIR MEHRERE KLEINE BELOHNUNGEN AUS. VIELLEICHT EIN KLEINES SPIEL ZWISCHENDURCH ODER EIN SNACK? SOLCHE KLEINEN BELOHNUNGEN MOTIVIEREN – UND HELFEN DIR DABEI, DEINE ZEIT EINZUTEILEN.

TIPP 30: **FANG KLEIN AN:** HATTEST DU SCHON MAL EINE AUFGABE, BEI DER DU ÜBERHAUPT NICHT WUSSTEST, WIE DU SIE LÖSEN KANNST? DU HATTEST KEINE AHNUNG, WIE DU DIESES RIESENDING AUCH NUR IRGENDWIE ANFANGEN SOLLST? DU HATTEST GAR KEINE LUST, AUCH NUR DARAN ZU DENKEN, DASS DU DAS NOCH ERLEDIGEN MUSST? SO GROSSE AUFGABEN SIND SELTEN – ABER SIE KOMMEN VOR. LASS DICH DAVON NICHT EINSCHÜCHTERN. AUCH WENN ES AM ANFANG AUSSIEHT WIE EIN RIESIGER BERG, DEN DU IRGENDWIE ÜBERWINDEN MUSST … DU KANNST ES SCHAFFEN! JEDER NOCH SO GROSSE BERG LÄSST SICH NÄMLICH IN VIELE KLEINE TEILE EINTEILEN. UND AM ENDE STELLST DU FEST, DASS SICH DER RIESENBERG IN VIELE KLEINE MAULWURFSHÜGELCHEN ZERLEGT HAT, ÜBER DIE DU NATÜRLICH OHNE PROBLEME DRÜBERHÜPFEN KANNST. ALSO: FANG AN! IRGENDWIE. ES IST VÖLLIG OK, ERSTMAL DIE GANZ EINFACHEN SCHRITTE ZU MACHEN. DIE MEISTEN DINGE WERDEN EINFACHER, WENN MAN ERST MAL ANFÄNGT.

SCHULFREI ...

... UND JETZT?

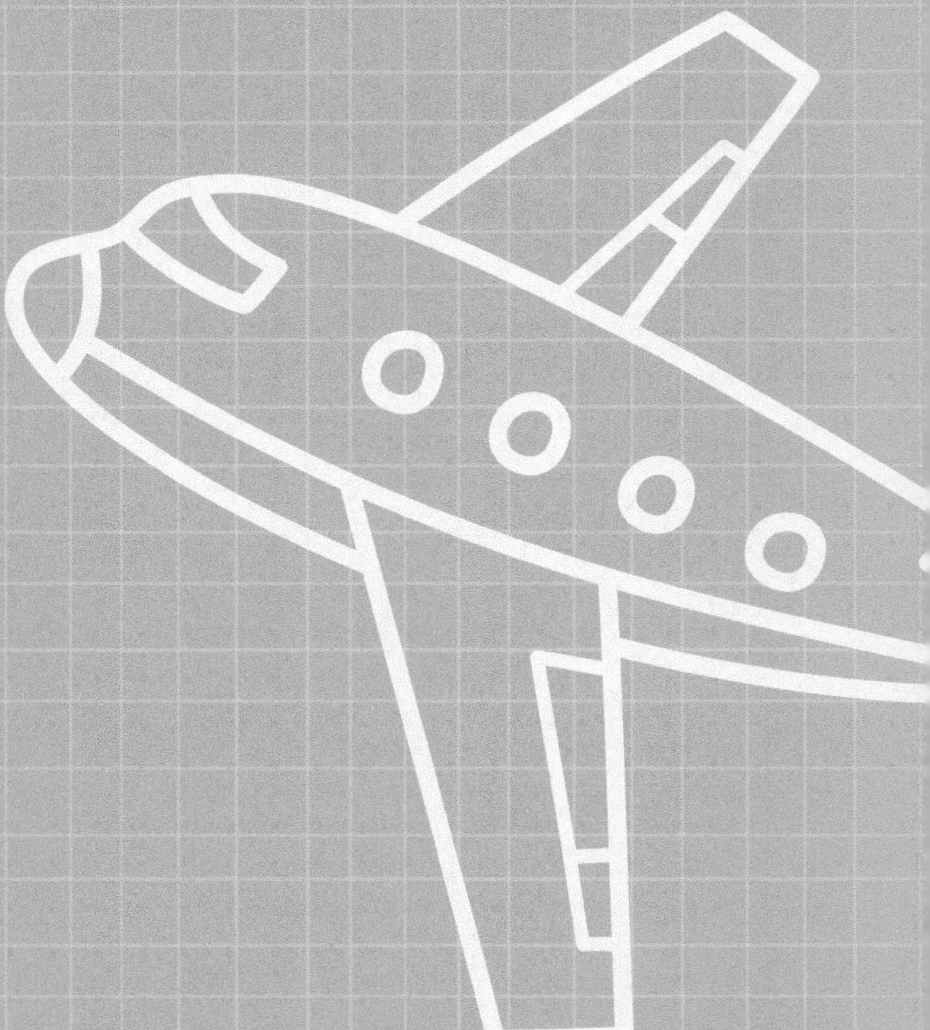

FREIZEIT-KAPITÄNE: STEUERE DURCHS MEER DEINER MÖGLICHKEITEN!

Fußball spielen, reiten – oder doch lieber Briefmarken sammeln? Es gibt unendlich viele Hobbys. Wusstest du, dass es sogar Menschen gibt, die die Sportart „Quidditch" aus „Harry Potter" im echten Leben spielen? Zugegeben: Ohne das Fliegen zwar, aber mit Besen. Wie soll man also rausfinden, was einem Spaß macht?

TIPP 31: **SCHNUPPERKURS:** TESTE VERSCHIEDENE AKTIVITÄTEN. EINEN TAG MALEN, EINEN TAG FUSSBALL SPIELEN – SO FINDEST DU HERAUS, WAS DIR SPASS MACHT.

TIPP 32: **FRAG DEINE FREUNDE UND FAMILIE:** WAS GLAUBEN DEINE FREUNDE UND FAMILIE, WAS DIR SPASS MACHEN KÖNNTE? MANCHMAL HABEN SIE TOLLE IDEEN. DU KANNST AUCH DEINE ELTERN FRAGEN, WAS SIE ALS KINDER GERNE GEMACHT HABEN. VIELLEICHT TEILST DU AUCH EINIGE IHRER INTERESSEN.

TIPP 33: **ABENTEUERLISTE:** MACH EINE LISTE VON DINGEN, DIE DU SPANNEND FINDEST. VIELLEICHT ENTDECKST DU DABEI EIN COOLES NEUES HOBBY.

TIPP 34:

LOKALE ENTDECKER: SCHAU, WELCHE CLUBS ODER AKTIVITÄTEN ES IN DEINER NÄHE GIBT. VIELLEICHT GIBT ES ETWAS SPANNENDES, DAS DU NOCH NICHT KENNST. BITTE DEINE FAMILIE DARUM, IM INTERNET NACHZUSEHEN, ODER HALTE AUSSCHAU NACH PLAKATEN UND WERBEFLYERN.

TIPP 35:

IDEEN-WAND: ERSTELLE EINE PINNWAND IN DEINEM ZIMMER, AN DER DU BILDER VON AKTIVITÄTEN PINNST, DIE DU MAL AUSPROBIEREN MÖCHTEST. DEIN SCHULFREUND MACHT SEIT NEUESTEM BREAKDANCE UND SEINE MOVES SEHEN TOTAL COOL AUS? PINN DIE IDEE AN DEINE WAND! DU LIEST EIN BUCH, IN DEM EIN KIND SICH EIGENE KLEIDUNG NÄHT, UND IRGENDWIE FINDEST DU DAS SPANNEND? PINN DIE IDEE AN DEINE WAND! IN DEINEM LIEBLINGSFILM LIEBEN DIE SCHÜLER IHRE TENNIS-AG UND DU GLAUBST, DAS KÖNNTEST DU LOCKER? PINN DIE IDEE AN DEINE WAND! MIT DER ZEIT KOMMEN SO JEDE MENGE IDEEN ZUSAMMEN. WENN DU DANN WIRKLICH MAL NACH EINEM HOBBY SUCHST, KANNST DU EINFACH HIER MAL NACHSCHAUEN.

UNGLAUBLICH, ABER WAHR: DIE VERRÜCKTESTEN HOBBYS DER WELT

Die Welt ist groß und bunt. Mindestens genauso groß und bunt: die Welt der Hobbys. Es gibt unendlich viele Freizeitaktivitäten. Viele davon sind ganz schön verrückt. Glaubst du nicht? Dann pass mal auf! „Quidditch" kennst du vielleicht aus Harry Potter. Aber jetzt stell dir mal vor, du spielst Quidditch – genau wie Harry – , aber auf dem Boden, mit einem Besen zwischen den Beinen! Oder wie wäre es mit einer Runde Extrembügeln? Dabei bügeln Leute an verrückten Orten wie hoch oben auf Berggipfeln. Oder probier doch mal Seifenschnitzen – dabei schnitzt du aus Seifenblöcken feine Skulpturen. In Japan gibt es sogar eine Technik namens „Hikaru Dorodango", bei der aus Schlamm glänzende Kugeln gemacht werden.

GRAUE TAGE, BUNTE SPIELE: SO VERTREIBST DU LANGEWEILE

Mir ist soooooo laaaangweilig! Wahrscheinlich kennst du das … bestimmt sogar! Draußen regnet es, deine Eltern wollen ein ruhiges Wochenende verbringen und du … langweilst dich. Mit diesen Tipps sagst du der Langeweile den Kampf an.

TIPP 36: **SCHÄTZE IM HAUS:** GEH AUF EINE SCHATZSUCHE IN DEINEM EIGENEN HAUS. WER WEISS, WELCHE VERBORGENEN ECKEN – UND SCHÄTZE – DU ENTDECKST! WENN DU SCHON JEDE ECKE DEINES ZUHAUSES KENNST, UMSO BESSER: DANN KANNST DU DIR NÄMLICH SELBST WUNDERBARE VERSTECKE AUSDENKEN. WO FINDET DEINE FAMILIE DEINE GEHEIMEN SCHÄTZE NIEMALS?

TIPP 37: **KREATIV-KISTE:** STELLE EINE KISTE MIT LAUTER BASTELMATERIALIEN ZUSAMMEN. IMMER, WENN DIR LANGWEILIG IST, KANNST DU ETWAS NEUES KREIEREN. NATÜRLICH SOLLTE DEINE KISTE AUS MEHR BESTEHEN ALS NUR PAPIER, STIFTEN, SCHERE UND KLEBER. ÜBERLEG DIR ALLES MÖGLICHE, WOMIT DU BASTELN KÖNNTEST – ZUM BEISPIEL DINGE AUS DER NATUR, DIE DU DRAUSSEN GEFUNDEN HAST.

TIPP 38: **MINI-OLYMPIADE:** STELLE EINEN PARCOURS IN DEINEM ZIMMER AUF UND MISS DICH SELBST: WIE SCHNELL BIST DU? WENN DIR DAS ZU EINFACH IST, KEIN PROBLEM! DANN HÜPF, KRABBEL UND LAUFE DOCH MAL, WÄHREND DU EINE MURMEL AUF EINEM LÖFFEL BALANCIERST.

TIPP 39: **KUNST-CHALLENGE:** STELLE DIR EINE KREATIVE ERAUSFORDERUNG. WIE WÄRE ES, EIN BILD NUR MIT DEINEN FÜSSEN ZU MALEN ODER EINE SKULPTUR AUS PAPIERMÜLL ZU BAUEN?

TIPP 40: **ZEITKAPSEL:** ERSTELLE EINE ZEITKAPSEL FÜR DEIN ZUKUNFTS-ICH. DIE VERSTECKST DU AN EINEM SICHEREN ORT. ERST WENN DU IRGENDWANN FERTIG BIST MIT DER GRUNDSCHULE UND DIE SCHULE WECHSELST, ÖFFNEST DU SIE WIEDER. EIN KLEINER GRUSS VON FRÜHER WIRD BESTIMMT SPANNEND FÜR DICH SEIN. VIELLEICHT WILLST DU IN DEINE ZEITKAPSEL DINGE PACKEN, DIE DU IM MOMENT BESONDERS GERNE MAGST. VIELLEICHT WILLST DU EIN BISSCHEN WAS VON DEINEM LEBEN JETZT ERZÄHLEN: WAS MACHT DIR GERADE BESONDERS VIEL SPASS, WAS NERVT DICH? VIELLEICHT WILLST DU AUFSCHREIBEN, WIE DU DIR DEIN GROSSES ICH VORSTELLST: WAS GLAUBST DU, KANNST DU DANN? WAS HAST DU BIS DAHIN GESCHAFFT? WAS WÜNSCHST DU DEINEM GROSSEN ICH? GIBT ES ETWAS, WAS DU NIE, NIE, NIE VERGESSEN WILLST? SCHREIB ES AUF! WENN DU NOCH NICHT SCHREIBEN KANNST, BITTE DEINE FAMILIE UM HILFE ODER MALE SCHÖNE BILDER UND LEGE FOTOS UND GEGENSTÄNDE BEI. DAS GANZE VERSTECKST DU GUT (ACHTE DARAUF, DASS ES AUCH VOR DEM WETTER GESCHÜTZT IST, ALSO BESSER NICHT DRAUSSEN). VERRATE AM BESTEN DEINER FAMILIE DEIN VERSTECK UND WANN DU ES WIEDER HERVORHOLEN MÖCHTEST – SCHLIESSLICH WÄRE ES SCHADE, WENN DU ES NICHT WIEDERFINDEST ODER ES GANZ VERGISST.

MEINE IDEEN-SAMMELKISTE:

Sammle Ideen für einfach umsetzbare Aktivitäten und Spiele für Zuhause, schreib sie auf und pack sie in ein Säckchen oder ein Glas. Immer, wenn dir langweilig ist, ziehst du was davon.

MACH MIT

FINDEN UND ERFINDEN: DEINE BAU-CHALLENGE

Such dir …
- etwas, was größer ist als dein größtes Buch
- etwas mit vier Ecken
- etwas Rundes
- etwas Flauschiges
- ein Spielzeug
- etwas Klitzekleines
- etwas aus Papier
- etwas aus Holz
- etwas Gelbes
(es reicht, wenn ein bisschen gelb dran ist)

… und baue daraus einen Turm. Schaffst du es, alle Gegenstände irgendwie zu stapeln?

MEHR ALS NUR SPASS: WARUM HOBBYS DEINE MEDIZIN UND DEIN MOTOR SIND …

Stell dir Hobbys wie Superkraft-Batterien vor. Wenn du etwas machst, was dir Spaß macht – sei es Fußball spielen, malen oder Musik –, lädst du deine Batterien auf. Hobbys helfen dir, neue Dinge zu lernen und besser in der Schule zu werden. Wusstest du, dass beim Malen oder Basteln dein Gehirn neue Verbindungen bildet, die dir auch beim Mathe- oder Lesenlernen helfen können? Und wenn du dich bewegst, zum Beispiel beim Tanzen oder Fußball, wird dein Körper stärker und dein Gehirn bekommt eine frische Ladung Sauerstoff, die dir hilft, dich besser zu konzentrieren. Außerdem machen Hobbys glücklich und helfen dir, Freunde zu finden, die dieselben Dinge mögen wie du.

… UND LANGEWEILE DEINE SUPERKRAFT

Na, wie viel Spaß macht dir Langeweile? Gar keinen?! Dann denk noch mal nach: Langeweile ist nämlich eigentlich ein Geheimtüröffner zu deiner Fantasiewelt. Wenn du nichts zu tun hast, fängt dein Gehirn an, kreativ zu werden. Plötzlich hast du tolle Ideen für Spiele, Geschichten oder Erfindungen.

Langeweile gibt deinem Gehirn eine Pause vom ständigen Denken und Lernen, was super wichtig ist, um neue Ideen zu bekommen. Denk an Langeweile wie an eine kleine Ruheinsel, wo dein Gehirn entspannt und dann mit voller Kraft wieder loslegt. Also, das nächste Mal, wenn du dich langweilst, freu dich! Das ist deine Chance, kreativ zu werden und neue Dinge zu entdecken.

SPIELSPASS SELBST GEMACHT

Dir ist mal wieder so richtig langweilig? Super! Vielleicht hat dein Gehirn dann genug Pause gemacht, um wieder richtig kreativ zu werden. Nutz doch deine frische Power, um dir ein cooles Spiel auszudenken! Hier kannst du (oder jemand aus deiner Familie) die Regeln aufschreiben:

MACH MIT

FÜR MEIN SPIEL BRAUCHE ICH:

ZIEL DES SPIELS:

MACH MIT

UND SO GEHT'S:

WAS TUN BEI STRESS, STREIT UND STRAFAUFGABEN?

FRIEDENSFINDER

SO BEENDEST DU JEDEN STREIT

Wer hat nicht ab und zu mal Krach mit Freunden oder Geschwistern? Aber keine Sorge, Streitschlichten ist kein Hexenwerk! Wenn du dir ein bisschen Mühe gibst, auch die andere Seite zu verstehen, löst du jeden Streit in Windeseile.

TIPP 41: **GEFÜHLS-DETEKTIV:** VERSUCH ZU VERSTEHEN, WARUM DER ANDERE WÜTEND IST – MANCHMAL STECKT HINTER WUT EINFACH NUR TRAURIGKEIT. GENAUSO WICHTIG: VERSUCH, DEINE EIGENEN GEFÜHLE ZU VERSTEHEN. AUCH BEI DIR STECKT HINTER DER WUT OFT TRAURIGKEIT. WENN DU ÜBER DEINE GEFÜHLE REDEST, KANN DICH DEIN GEGENÜBER BESSER VERSTEHEN.

TIPP 42: **LÖSUNGS-LUPE:** „DU HAST ABER ANGEFANGEN!“, „NEIN, DU!“ – MIT SOLCHEN GESPRÄCHEN KOMMST DU BEI EINEM STREIT NICHT WEIT. STATT NUR ÜBER DAS PROBLEM ZU REDEN, SUCHT GEMEINSAM NACH EINER LÖSUNG.

TIPP 43: **REDE-ZAUBERSTAB:** BENUTZE ICH-AUSSAGEN STATT DU-ANSCHULDIGUNGEN – DAS IST WIE EIN ZAUBERSTAB FÜR BESSERE GESPRÄCHE! STATT: „DU BIST IMMER VOLL GEMEIN ZU MIR!“, KÖNNTEST DU ALSO SAGEN: „ICH WERDE TRAURIG, WENN DU SO WAS SAGST. WIESO MACHST DU DAS DENN?“

DEIN GEHEIMER SCHLÜSSEL: WARUM GUTES ZUHÖREN DIR TÜREN ÖFFNET

Weißt du, was ein superwichtiger Superhelden-Skill ist? Richtig gutes Zuhören! Viele Leute denken, dass Sprechen das Wichtigste ist, aber richtig gut zuhören zu können, ist mindestens genauso wichtig. Gutes Zuhören heißt, dass du wirklich aufmerksam bist und verstehst, was der andere sagt … und eben nicht nur darauf wartest, selbst zu sprechen. Wenn du richtig gut zuhören kannst, verstehst du viel mehr, als dein Gegenüber dir mit Worten sagt – weil du nämlich auch mitfühlst. Stell dir einfach vor, dein Gegenüber würde dir gerade die spannendste Geschichte erzählen, die du je gehört hast: Du würdest nachfragen, wenn du etwas nicht verstanden hast. Du würdest an seinen Lippen kleben und wissen wollen, wie es weitergeht. Du würdest ihn nicht unterbrechen. Bei einer langen Geschichte würdest du vielleicht sogar zwischendurch noch mal kurz zusammenfassen, was du schon alles gehört hast – nur um sicherzugehen, dass du alles richtig verstanden und nichts Wichtiges vergessen hast. Und genauso funktioniert auch gutes Zuhören! Wenn du auf diese Art Gespräche führst und wirklich wissen willst, was der andere zu sagen hat, wirst du bald schon merken, dass sich alle Menschen gerne mit dir unterhalten. Natürlich musst du nicht jedes Gespräch so führen. Aber es lohnt sich, gutes Zuhören ein bisschen zu üben. Gerade bei Missverständnissen und Streits kann das nämlich Wunder bewirken.

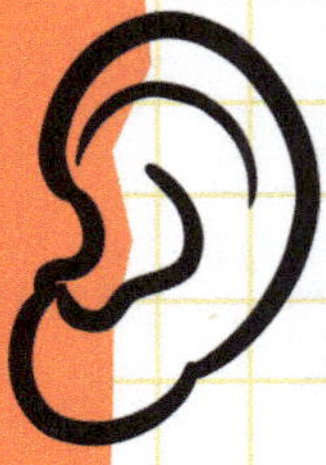

OHREN AUF! DIE KUNST DES AKTIVEN ZUHÖRENS

Wusstest du, dass selbst deine Ohren Superkräfte haben? Und zwar nicht nur die Superkraft, dass sie auf Durchzug schalten können, wenn deine Eltern wieder einmal nerven. Nein, nein! Sie können noch was viel Besseres: zuhören! Klingt langweilig, ist es aber nicht. Gutes Zuhören ist wie ein geheimer Schlüssel, der dir eine Menge Türen öffnet.

TIPP 44: **FEUERWERK DER FRAGEN:** SCHAU DEINEM GESPRÄCHSPARTNER IN DIE AUGEN UND FRAG IMMER MAL WIEDER INTERESSIERT NACH. DAS ZEIGT, DASS DU WIRKLICH ZUHÖRST UND NICHT GERADE SCHON ANS MITTAGESSEN DENKST.

TIPP 45: **GEDANKEN-GEDULD:** AUCH WENN ES DIR SCHWERFÄLLT, WEIL DU GERADE DEN KLÜGSTEN GEDANKEN DES JAHRHUNDERTS HATTEST: WARTE, BIS DER ANDERE FERTIG GESPROCHEN HAT, BEVOR DU ANTWORTEST.

TIPP 46: **GEFÜHLSSPIEGEL:** ZEIGE MIT DEINEM GESICHTSAUSDRUCK UND DEINEN WORTEN, DASS DU DIE GEFÜHLE DES ANDEREN VERSTEHST. WENN ALSO DEIN BESTER FREUND DIR TRAURIG ERZÄHLT, WIE SCHLECHT DIE MATHEARBEIT LIEF, IST ALLEIN SCHON EIN MITFÜHLENDES „OJE!“ BESSER ALS EINE GENERVTE REDE DARÜBER, DASS ER BESTIMMT SOWIESO WIEDER SUPER GUT WAR.

DER ELEFANT IM RAUM: SAG, WAS GESAGT WERDEN MUSS!

Stell dir vor, ein riesiger Elefant würde plötzlich mitten in deinem Klassenzimmer stehen. Jeder würde ihn sehen, aber keiner würde darüber sprechen. Deine Lehrerin würde trotzdem seelenruhig weiter ihre Matheaufgaben an die Tafel schreiben und dein Sitznachbar würde genauso gelangweilt mit dem Stuhl kippeln wie immer. Komisch, oder?

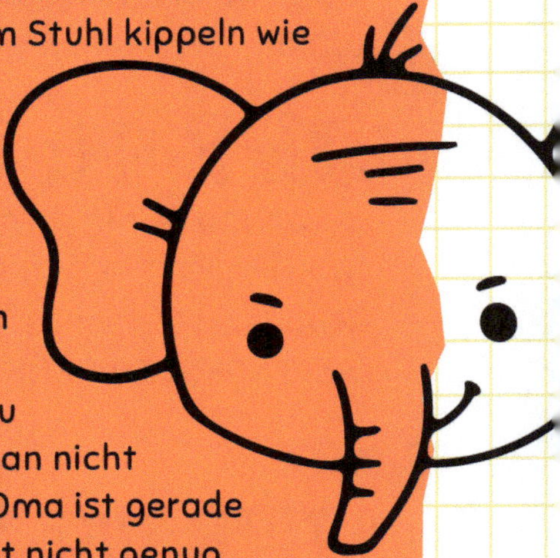

Allerdings! Deswegen gibt es diese Redewendung im Englischen auch: „address the elephant in the room“, also: Sprich den Elefanten im Zimmer an! Nur weil sich niemand traut, über etwas zu reden, heißt es nicht, dass man nicht darüber reden sollte. Deine Oma ist gerade gestorben? Deine Familie hat nicht genug Geld für deine Klassenfahrt? Dein Lehrer erklärt alles so komisch, dass niemand so richtig versteht, was er eigentlich sagen will? Manchmal passieren Dinge, die unangenehm oder schwierig sind, und keiner spricht darüber. Aber es ist wichtig, diese Dinge anzusprechen, weil das dabei hilft, Probleme zu lösen und Missverständnisse zu klären. Natürlich musst du nicht immer alles sagen, was dir in den Sinn kommt. Manchmal ist es besser, nichts zu sagen, vor allem wenn es andere verletzen könnte. Aber wenn etwas wirklich wichtig ist und dich oder andere stört, ist es gut, den Mut zu haben, es anzusprechen.

GERECHTIGKEITSGUIDE: SO GEHST DU MIT UNGERECHTIGKEIT UM

Manchmal ist das Leben nicht fair – aber das heißt nicht, dass du nichts tun kannst. Im Gegenteil: Du solltest sogar unbedingt was tun. Zum Beispiel das:

TIPP 47: **GERECHTIGKEITSDETEKTIV:** SPIELE DETEKTIV UND FINDE DURCH SCHLAUE NACHFRAGEN HERAUS, WAS WIRKLICH PASSIERT IST. OFT STECKT HINTER UNGERECHTIGKEIT EIN MISSVERSTÄNDNIS.

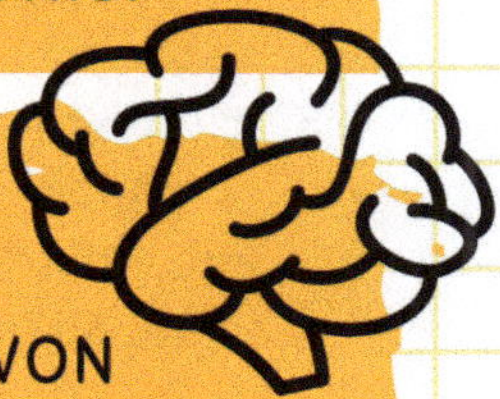

TIPP 48: **MUTMACHER:** EIN MITSCHÜLER WIRD VON ANDEREN AUSGELACHT? DEINE GROSSE SCHWESTER BEKOMMT OFT DIE SCHULD, OBWOHL EIGENTLICH DEIN KLEINER, FRECHER BRUDER MAL WIEDER UNFUG GEMACHT HAT? DEINE LEHRERIN NIMMT MEISTENS DIE GLEICHEN LEUTE IN DER STUNDE DRAN? TRAU DICH, ÜBER DINGE ZU SPRECHEN, DIE DIR UNFAIR VORKOMMEN. SO KANNST DU ENTWEDER EIN MISSVERSTÄNDNIS AUS DEM WEG RÄUMEN ODER JEMANDEM WIRKLICH HELFEN. UND SELBST WENN SICH DANACH NICHTS ÄNDERN SOLLTE: STOLZ AUF DICH SEIN KANNST DU SO ODER SO. MUTIG ZU SEIN, WENN ETWAS UNGERECHT IST – DAS TRAUEN SICH NICHT VIELE.

WORTE WIRKEN WUNDER: WARUM WICHTIG IST, WAS DU SAGST ... UND WIE

Hast du schon mal davon gehört, dass Worte wie Zaubersprüche sein können? Manchmal können sie jemanden wirklich glücklich machen, aber manchmal können sie auch wie ein böser Zaubertrank wirken. Deshalb ist es super wichtig, dass du gut überlegst, was du sagst und wie du es sagst. Eines der coolsten „Zaubermittel" dafür ist die gewaltfreie Kommunikation. Das klingt vielleicht ein bisschen kompliziert, ist aber eigentlich ganz einfach.

Es geht darum, wie du mit anderen redest, vor allem wenn du sauer oder traurig bist. Statt zu schreien „Du bist so gemein!", könntest du sagen „Ich fühle mich traurig, wenn du das sagst". Das nennt man Ich-Botschaften. Sie helfen dir, deine Gefühle zu teilen, ohne andere zu beschuldigen.
Gewaltfreie Kommunikation hat vier Schritte:

1. Beobachte, was gerade passiert, ohne es zu bewerten. Zum Beispiel: „Ich sehe, dass mein Lieblingsbuch zerrissen auf dem Boden liegt."
2. Drücke deine Gefühle dazu aus. Zum Beispiel: „Ich bin echt traurig darüber!"
3. Sag, was du brauchst. Zum Beispiel: „Ich kann ohne das Buch nicht gut einschlafen."
4. Bitte um etwas, statt eine Forderung zu stellen. Zum Beispiel: „Kannst du mir helfen, es zu reparieren?"

Wenn du so redest, fühlen sich die anderen viel eher verstanden und sind bereit, dir zu helfen. Es ist wie eine Superkraft, mit der du Streit vermeiden und dafür sorgen kannst, dass jeder sich gut fühlt. Probier's mal aus!

COOL BLEIBEN: WAS TUN BEI SCHULSTRESS?

Schule kann manchmal ganz schön stressig sein, oder? Aber keine Panik, hier findest du super Tricks, um cool zu bleiben, auch wenn's mal hektisch wird.

TIPP 49: LADESTATION LACHEN:

LACHEN IST EIN SUPER STRESSKILLER. PROBIER'S AUS! BESONDERS VERRÜCKT: SELBST WENN DU GAR NICHT WIRKLICH LACHEN MUSST, SONDERN NUR GANZ ALBERN SO TUST, ALS WÜRDEST DU LACHEN, BRINGT ES WAS. WAHRSCHEINLICH MUSST DU DANN SOGAR ECHT ANFANGEN ZU LACHEN. ACHTE ALSO AUCH IN STRESSIGEN ZEITEN DARAUF, DASS DU IMMER GENUG ZU LACHEN HAST! LACHEN IST SCHLIESSLICH GESUND.

TIPP 50: PLANUNGSPOWER:

ERSTELLE EINEN PLAN, UM DEINE HAUSAUFGABEN UND FREIZEITAKTIVITÄTEN ZU ORGANISIEREN. SCHREIB DIR AUF, WAS DU WANN ERLEDIGEN WILLST. DANN VERGISST DU NICHTS UND DU SIEHST ZUGLEICH, DASS ES MÖGLICH IST, ALLES ZU SCHAFFEN. SO WIRD ALLES VIEL WENIGER ÜBERWÄLTIGEND.

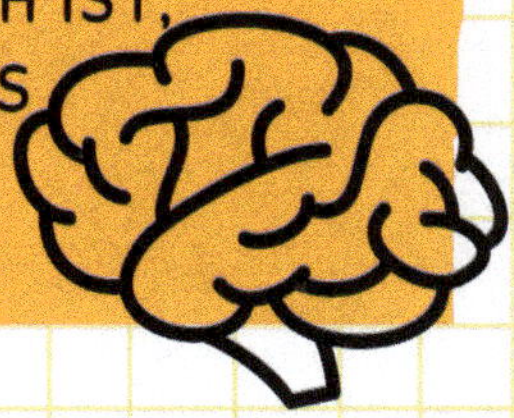

MACH MAL LANGSAM!

KINDERLEICHTE ENTSPANNUNGSÜBUNGEN ZUM RUNTERKOMMEN

Manchmal ist das Leben ein bisschen wie eine Achterbahn – aufregend, aber auch anstrengend. Da ist es wichtig, dass du weißt, wie du wieder runterkommst und dich entspannst. Hier findest du einige total einfache, aber superwirksame Übungen, die dich in Nullkommanix wieder lächeln lassen.

MACH MIT

1. Tieratmung: Stell dir vor, du bist ein schlafender Löwe. Atme tief ein und brülle beim Ausatmen ganz laut. So entspannst du, und hast Spaß.

2. Blumenduft: Tu so, als ob du an einer Blume riechst. Zieh die Luft langsam durch die Nase ein und stell dir den Duft vor. Dann puste langsam aus, als würdest du eine Pusteblume wegpusten.

3. Kuscheldeckenrolle: Wickle dich in eine Decke und rolle dich sanft hin und her. Das fühlt sich an, als würdest du von einer Welle sanft geschaukelt.

4. Wetterbericht der Gefühle: Zeichne oder beschreibe dein Gefühl als Wetter (sonnig, stürmisch, regnerisch) und lass es langsam verändern, um dich zu beruhigen.

5. Musikwolke: Leg dich hin, mach die Augen zu und hör dir ein beruhigendes Lied an. Stell dir vor, du schwebst auf einer Musikwolke.

DIGITALE SURF-SCHULE

SO SURFST DU SICHER IM INTERNET

WEB-WUNDER: UNGLAUBLICHES AUS DER ONLINEWELT

Das Internet ist schon verrückt: von süßen Katzenvideos bis hin zu Raketenwissenschaft, von lustigen Spielchen bis zu lebensrettender Forschung – hier findet sich ALLES. Hier findest du ein paar spannende Infos über die Welt des Internets.

1. Vielleicht hast du schon mal gehört, dass „www“ für „world wide web“ steht, also weltweites Netz. Aber als das Internet erfunden wurde, war an „weltweit“ gar nicht zu denken. Das Internet begann als Projekt namens ARPANET, das 1969 nur vier Computer in den USA verband.

2. Die erste Nachricht über ARPANET war „LO“, was für „Login stehen sollte, aber das System stürzte schon nach den beiden Buchstaben ab.

3. Jedes Mal, wenn du etwas im Internet suchst, springen über 1000 Server auf der ganzen Welt an. Diese leistungsstarken Computer durchforsten riesige Datenmengen, um dir blitzschnell Ergebnisse zu liefern.

4. 1990 wurde ein Toaster zum ersten internetfähigen Haushaltsgerät, das über das Internet gesteuert werden konnte.

5. Seit den frühen 2000er-Jahren gibt es Projekte, um abgelegene Orte wie den Amazonas□-Regenwald mit dem Internet zu verbinden.

6. Manche kurzen Videos werden im Internet unglaublich oft angeklickt und weitergeschickt. Man sagt dann, dass sie „viral“ gehen. Eines der ersten viralen Videos im Internet war übrigens ein kurzes Video von einem animierten Baby, das tanzt. Es wurde bekannt als „Baby Cha Cha Cha“.

7. Seit 2010 gibt es auf dem Gipfel des Mount Everest WLAN. Den Berg zu besteigen ist fürchterlich anstrengend – aber Selfies vom Gipfel zu schicken: kein Problem!

8. Sir Tim Berners-Lee, der Erfinder des Internets, wurde 2003 von Queen Elizabeth zum Ritter geschlagen.

9. Das erste jemals online verkaufte Produkt war eine Pizza von Pizza Hut.

10. Die allererste Webcam wurde an der Universität Cambridge installiert, um zu überwachen, wie viel Kaffee noch da war.

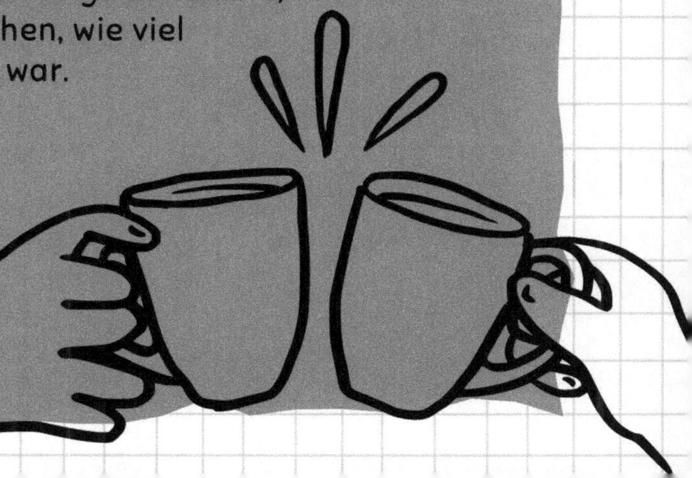

MISSION MEDIEN: FINDE DEINEN WEG DURCH DEN MEDIENDSCHUNGEL

Smartphones, Tablets und Fernseher – im Medien-Dschungel gibt's viel zu entdecken. Bist du bereit für eine Reise in die Welt der Medien? Dann schnapp dir deinen Entdeckerhut, deinen messerscharfen Verstand und was du sonst noch für dein Abenteuer brauchst! Hier erfährst du, wie du in der großen, weiten Welt der Medien Schätze findest und die Fallen meidest.

TIPP 51: **TIME OUT:** INSTAGRAM, YOUTUBE, TIKTOK – ALLES ECHTE ZEITFRESSER. DU SCROLLST SO DURCH, KOMMST VON EINEM SÜSSEN KATZENVIDEO ZUM NÄCHSTEN VERRÜCKTEN TIPP UND DANN ZU WITZIGEN FAILS UND ZACK, IST WIEDER NE STUNDE VERGANGEN. DAMIT DAS NICHT PASSIERT, KANNST DU DIR ZEITEN FESTLEGEN, WANN DU ÜBERHAUPT SOLCHE APPS NUTZEN MÖCHTEST. VIELE HANDYS UND GERÄTE BIETEN AUCH DIE MÖGLICHKEIT, EINEN TIMER EINZUSTELLEN, DER NACH EINER GEWISSEN ZEIT GANZ VON ALLEINE BESTIMMTE APPS AUSSCHALTET. PROBIER DAS DOCH MAL AUS.

TIPP 52: **NETZ-NOTIZEN:** STELL DIR VOR, ES STEHEN WAHLEN AN. DEINE ELTERN UND ALLE ERWACHSENEN IN DEINER UMGEBUNG GEHEN SONNTAGS ZUM WAHLLOKAL. DU WILLST HERAUSFINDEN, WAS ES MIT DIESER WAHL SO AUF SICH HAT, ALSO SCHMEISST DU DAS INTERNET AN … UND L ANDEST AUS VERSEHEN AUF EINER SEITE Ü BER WALE STATT WAHLEN. EGAL, JETZT, WO D U SCHON EINMAL HIER BIST, SCHAUST DU D ICH NATÜRLICH UM. NARWALE HABEN EINEN D REI METER LANGEN STOSSZAHN!? WALE SINGEN SO LAUT, ALS WÜRDEST DU NEBEN EINEM DÜSENJET BEIM ABHEBEN STEHEN!? DASS DENEN NICHT DIE OHREN ABFALLEN! ACH JA, OHREN HABEN SIE JA GAR NICHT. WALE HÖREN NÄMLICH MIT DEM UNTERKIEFER. WENN DIR SO ETWAS PASSIERT UND DU ÜBER SPANNENDES WISSEN STOLPERST, MACH DIR DOCH NOTIZEN. SO HAST DU BALD EIN BÜCHLEIN MIT SUPER COOLEM WISSEN. DU KANNST NATÜRLICH AUCH ALLES REINSCHREIBEN, WAS DU NOCH NICHT VERSTEHST. DANN HAST DU EINE ERINNERUNG DARAN, WAS DU NOCH HERAUSFINDEN MÖCHTEST.

TIPP 53: **NEWS-NAVIGATOR:** LERNE, NACHRICHTEN VON VERSCHIEDENEN QUELLEN ZU VERGLEICHEN. SCHAU DIR EINE NACHRICHTENSENDUNG AN, LIES EINEN ZEITUNGSARTIKEL UND VERGLEICHE, WIE UNTERSCHIEDLICH DIESELBE GESCHICHTE MANCHMAL ERZÄHLT WIRD. BESTIMMT HELFEN DIR DEINE ELTERN BEI DER AUSWAHL.

TIPP 54: **APP-ABENTEUER:** PROBIERE MAL, EINE NEUE APP ZU ENTDECKEN, DIE ETWAS LEHRREICHES ODER KREATIVES ANBIETET. ES GIBT APPS FÜR ALLES: ZEICHNEN, SPRACHENLERNEN, MUSIKMACHEN!

TIPP 55: **MEDIEN-MIX-MASTER:** „MEDIEN" = INTERNET? NEEEE! ES GIBT NOCH VIEL, VIEL, VIEL MEHR MEDIEN. MEDIEN SIND HILFSMITTEL, DIE DIR ETWAS BEIBRINGEN WOLLEN. SIND JETZT ALSO DEINE LEHRER MEDIEN? NAJA, NICHT WIRKLICH. ABER DEINE SCHULBÜCHER ZUM BEISPIEL SCHON! BÜCHER, HÖRBÜCHER, CDS, RADIO, FILME, ZEITUNGEN, INTERNET – DAS SIND ALLES VERSCHIEDENE MEDIEN. ALSO PROBIER MAL EIN BISSCHEN RUM, WAS DIR BESONDERS SPASS MACHT. MIXE VERSCHIEDENE MEDIENARTEN. SCHAU MAL EINEN SPANNENDEN FILM, HÖR EIN HÖRBUCH ODER LIES EIN ECHTES BUCH.

DIGITALE HELFER UND COOLE TOOLS

DIE SONNENSEITEN VON INTERNET UND MEDIEN

Stell dir mal ein Leben ohne Internet vor. Gar nicht so einfach, oder? Das Internet ist wie ein riesiges Zauberbuch, das voller Wissen, Spiele und Möglichkeiten steckt. Du kannst Hausaufgabenhilfe bekommen, ...

... neue Sprachen lernen oder sogar mit deinen Freunden chatten, selbst wenn sie am anderen Ende der Welt wohnen. Aber das ist noch nicht alles! Es gibt Apps, die dir helfen, die Sterne am Himmel zu erkennen, oder Programme, mit denen du deine eigenen Spiele programmieren kannst. Das Internet ist wie ein Supertool, das dir Türen zu neuen Welten öffnet. Wissenschaftler nutzen das Internet und digitale Helfer heute bei fast all ihren Projekten. So wird es zum Beispiel möglich, von der Erde aus Mars-Rover zu steuern. Das sind spezielle Fahrzeuge auf dem Mars, die sie von der Erde aus steuern, um Fotos zu machen und Proben zu sammeln. Ganz schön cool, oder? Aber auch den unerforschten Tiefen der Meere gehen Wissenschaftler mit technischen Hilfsmitteln auf den Grund. Tief im Ozean, wo kein Mensch überleben würde, können sie so nach bisher unbekannten Lebewesen suchen.

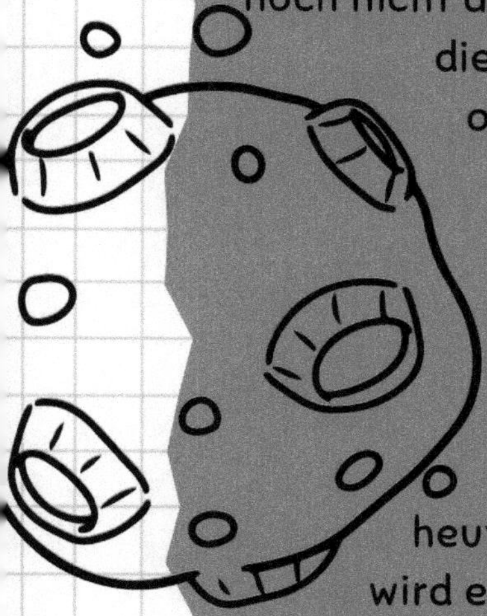

PASSWORT-GENERATOR: ERSTELLE DEIN SUPERPASSWORT

Wahrscheinlich weißt du schon, dass du auf manchen Seiten im Internet ein Passwort brauchst. Damit auch niemand darauf kommt, solltest du Passwörter wie 12345 oder dein Geburtsdatum unbedingt vermeiden – auch wenn man sie sich so schön merken kann. Aber mit einem geheimen Satz kannst du dir dein Passwort auch wunderbar merken. Denke dir zum Beispiel einen witzigen Satz aus und verwende dann die Anfangsbuchstaben. Perfekt ist es, wenn du große und kleine Buchstaben, Zahlen und Sonderzeichen mischst. Also zum Beispiel so:

MACH MIT

Merksatz: **I**ch **b**in **e**in **s**uper **s**icheres **P**asswort **m**it **10** **Z**eichen**!**

Daraus wird dein super sicheres Passwort:

IbessPm10Z!

Und jetzt du! Denk dir auch einen lustigen Satz aus, den du dir gut merken kannst, und erstelle daraus ein Superpasswort:

Satz:

Passwort:

LÜGEN IM NETZ: SO ERKENNST DU FAKE NEWS UND CO.

Vielleicht kennst du das: Ein Freund von dir streitet sich mit einer Freundin. Dein Freund sagt, sie habe ihm sein Lieblingsspielzeug weggenommen, aber deine Freundin behauptet steif und fest, dass das nicht stimmt. Wer sagt jetzt die Wahrheit? Das herauszufinden, ist nicht immer ganz einfach. Im Internet ist das sogar noch schwieriger. Hier kann schließlich jeder erst einmal alles behaupten – und du weißt meist nicht mal, wer dahinter steckt.

TIPP 56: VERRÜCKTE TITELJAGD: OFT HABEN FAKE NEWS TOTAL ÜBERTRIEBENE TITEL. DENK DRAN: JE VERRÜCKTER DIE STORY, DESTO WAHRSCHEINLICHER IST ES, DASS SIE ERFUNDEN IST.

TIPP 57: FAKTEN-CHECKER: NICHT SICHER, OB EINE NACHRICHT WAHR IST? NUTZE WEBSITES, DIE NACHRICHTEN AUF IHREN WAHRHEITSGEHALT PRÜFEN. DA GIBT ES SPEZIALISTEN, DIE DAS FÜR DICH ÜBERNEHMEN.

TIPP 58: DER EMOTIONSEXPERTE:

FAKE NEWS SPIELEN OFT MIT STARKEN GEFÜHLEN. FRAG DICH: WILL DIE NACHRICHT, DASS ICH WÜTEND ODER ÄNGSTLICH WERDE?

TIPP 59: DAS URL-RÄTSEL:

KOMISCHE ODER EXTRA LANGE URLS (ALSO DER LINK, DEN DU ANKLICKST ODER EINGIBST) KÖNNEN EIN HINWEIS AUF FAKE NEWS SEIN. ECHTE NACHRICHTENSEITEN HABEN MEIST EINFACHE WEBADRESSEN.

TIPP 60: DATUM-DETEKTIV:

ÜBERPRÜFE DAS DATUM DER NACHRICHTEN. ALTE GESCHICHTEN WERDEN OFT NEU AUFGEWÄRMT UND ALS AKTUELL VERKAUFT.

LÄSTIGE LÜGEN UND FIESE FALLEN: DIE SCHATTENSEITEN VON INTERNET UND MEDIEN

Aber Achtung: Im Internet gibt es auch Dinge, die nicht so toll sind. Cybermobbing zum Beispiel. So nennt man das, wenn jemand online gemein zu anderen ist.

Und es gibt Leute, die versuchen, an private Informationen wie Passwörter zu kommen. Wenn sie das schaffen, können sie zum Beispiel mit dem Bankkonto von anderen Leuten teure Einkäufe machen. Sie stehlen also nicht nur die persönlichen Daten wie Passwörter, sondern auch Geld.

Auch Fake News können im Internet leicht und schnell verbreitet werden – Geschichten, die erfunden sind. Daher ist es wichtig, dass du Informationen immer hinterfragst und dich aus vertrauenswürdigen Quellen informierst. Besondere Vorsicht ist geboten, wenn du online Freundschaften schließen willst. Vielleicht chattest du schon länger mit einem Mädchen in deinem Alter. Egal, wie nett dieses Mädchen auch ist – bleib vorsichtig. Und vor allem: Triff dich nie, nie, niemals allein mit jemandem, den du nur aus dem Internet kennst, und sprich immer mit einem Erwachsenen, wenn dir etwas komisch vorkommt.

FAKE-NEWS-QUIZ: KEINE CHANCE DEN FALSCHEN FAKTEN

Hier findest du verschiedene spannende Fakten. Aber Achtung! Nicht alle davon sind wahr. Findest du heraus, welche der drei Aussagen jeweils nicht stimmt? Woran erkennst du das?

MACH MIT

TIERE UND IHRE SUPERKRÄFTE

1. Chamäleons können ihre Hautfarbe wechseln, um sich zu tarnen oder ihre Stimmung auszudrücken.
2. Der Kolibri kann als einziger Vogel auch seitwärts und rückwärts fliegen.
3. Ein neu entdecktes Insekt in Australien kann durch Wände sehen – Forscher sind erstaunt über diese Entdeckung!

VULKANE

1. Supervulkane sind so mächtig, dass ihre Ausbrüche das Klima der ganzen Welt beeinflussen können.
2. Expertenwarnung: Unter New York bildet sich ein riesiger Vulkan! Unmittelbare Gefahr für Millionen!
3. Wenn Vulkane ausbrechen, entstehen manchmal wertvolle Edelsteine wie Diamanten und Rubine.

TIERE IM WELTRAUM

1. Ein Hund namens Laika war das erste Lebewesen, das die Erde umkreiste.
2. Astronauten haben auf dem Mond eine geheime Katzenkolonie entdeckt! Klicke hier, um das unglaubliche Video zu sehen!
3. Die NASA schickte winzige Tierchen („Wasserbären" genannt) ins All, um zu sehen, wie sie im Weltraum überleben.

UNTERWASSERWELT

1. Der größte bekannte Oktopus ist der Riesenpazifikoktopus, der eine Spannweite von bis zu 6 Metern haben kann.
2. Es gibt Fische, die in der Tiefsee leben und deren Organe in der Dunkelheit leuchten.
3. Unglaublich! Delphin bringt Tiefseetaucher in Not zurück zu seinem Boot. Hier klicken, um die rührende Geschichte zu lesen!

ICH UND DIE ANDEREN

DIE WELT IST BUNT!

KUMPEL-KOMPASS: FREUNDE FINDEN LEICHT GEMACHT

Neue Freunde zu finden ist wie eine Schatzsuche – spannend und manchmal auch gar nicht so leicht. Aber der Schatz der Freundschaft ist unendlich wertvoll und jede Mühe wert. Aber zum Glück ist das mit dem Freundefinden ja auch kein Hexenwerk. Mit diesen Tipps klappt's bestimmt.

TIPP 61: **DAS FRAG MICH-SPIEL:** FRAG DEINE MITSCHÜLER NACH IHREN LIEBLINGSSACHEN. DAS IST EIN SUPER WEG, UM INS GESPRÄCH ZU KOMMEN. VIELLEICHT FINDET IHR SO GANZ SCHNELL GEMEINSAMKEITEN.

TIPP 62: **HILFSHELD:** BIETE ANDEREN DEINE HILFE AN. SEI ES BEIM TRAGEN SCHWERER TASCHEN ODER BEIM LERNEN – GEMEINSAMES TUN VERBINDET.

TIPP 63: **GRUPPENPOWER:** SCHLIESSE DICH SCHULCLUBS, AGS ODER SPORTVEREINEN AN. DORT TRIFFST DU KINDER MIT GLEICHEN INTERESSEN. UND GEMEINSAME INTERESSEN SIND SUPER EISBRECHER.

TIPP 64: **LÄCHELN HILFT:** LÄCHLE DEINE MITSCHÜLER FREUNDLICH AN. KLINGT BESCHEUERT, WIRKT ABER WUNDER: WER LÄCHELT, WIRD DIREKT ALS NETT WAHRGENOMMEN. TRAU DICH, MIT EINEM FREUNDLICHEN LÄCHELN MITSCHÜLER ANZUSPRECHEN, MIT DENEN DU NOCH NICHT SO VIEL ZU TUN HATTEST.

KEINE ANGST VORM ANDERSSEIN.

WARUM KARLS ROSA PULLI, ZEYNEPS KOPFTUCH UND LIZZYS HÖRGERÄT AUCH DEIN GLÜCK SIND

Stell dir eine Welt vor, in der jeder genau gleich aussieht, denkt und handelt. Wie langweilig wäre das denn? Jeder Mensch ist einzigartig, und das ist super! Karl trägt gerne rosa Pullover, weil er findet, dass sie cool aussehen. Zeynep trägt ein Kopftuch, das Teil ihrer Kultur und ihres Glaubens ist. Und Lizzy benutzt ein Hörgerät, das ihr hilft, besser zu hören. All unsere Unterschiede in Aussehen, Herkunft und Denkweise machen uns einzigartig und besonders. Und weißt du was? In gewisser Weise sind Karls rosa Pulli, Zeyneps Kopftuch und Lizzys Hörgerät auch dein Glück. Warum, fragst du dich? Ganz einfach: Weil du in einer Welt lebst, in der Karl nicht auf seine Lieblingspullover verzichten muss – nur weil er ein Junge ist.

In einer Welt, in der Zeynep offen zeigen kann, welchen Glauben sie hat – ohne dass ihr ständig jemand einredet, das wäre nicht richtig. Eine Welt, in der Lizzy zusammen mit den anderen Kindern spielen und lernen kann, auch wenn sie ohne Hörgerät kaum hören kann. All das heißt nämlich für dich: Auch du kannst einfach sein, wer du nun mal bist, ohne Angst davor haben zu müssen, ausgegrenzt zu werden. Irgendwie anders als die Anderen sind wir schließlich alle. Zum Glück!

WAS TUN, WENN ANDERE GEMEIN SIND?

Ärger mit Klassenkameraden oder auf dem Spielplatz? Lass dich nicht unterkriegen! Hier findest du die Geheimwaffen gegen Gemeinheiten.

TIPP 65: **SPRICH'S AUS:** WENN JEMAND GEMEIN IST, SAG IHM RUHIG UND KLAR, DASS DU DAS NICHT OKAY FINDEST. SO SETZT DU DEINE GRENZEN. MEIST SIND ANDERE KINDER GEMEIN, WEIL SIE AUS IRGENDWELCHEN GRÜNDEN DENKEN, ANDERE WÜRDEN DAS „COOL“ FINDEN. JE MEHR KINDER SICH TRAUEN, IHNEN ZU SAGEN, DASS DAS ÜBERHAUPT NICHT COOL IST, DESTO SCHNELLER VERGEHT IHNEN DIE LUST DARAN.

TIPP 66: SUCH DIR VERBÜNDETE: REDE MIT FREUNDEN ODER LEHRERN DARÜBER. HAB KEINE ANGST DAVOR, ZU PETZEN. ZUSAMMEN SEID IHR STÄRKER.

TIPP 67: HUMOR ALS SCHILD: MANCHMAL HILFT ES, MIT HUMOR AUF KLEINE GEMEINHEITEN ZU REAGIEREN. VIELLEICHT FÄLLT DIR EIN WITZIGER SPRUCH EIN? ODER DU LACHST EINFACH DRÜBER? DAS ZEIGT DEINEM GEGENÜBER, DASS DU DICH NICHT EINSCHÜCHTERN LÄSST UND DAS GANZE NICHT SO ERNST NIMMST. ABER ACHTUNG: ES KANN AUCH DAZU FÜHREN, DASS SICH DEIN GEGENÜBER BESTÄRKT FÜHLT UND WEITERMACHT. ACHTE AUSSERDEM DARAUF, WIE DU DICH DABEI FÜHLST. WENN DICH JEMAND WIRKLICH VERLETZT, SOLLTEST DU NATÜRLICH NICHT VERSUCHEN, DARÜBER ZU LACHEN. DANN IST EHER EINE STANDPAUKE UND NE FETTE ENTSCHULDIGUNG ANGEBRACHT.

DEINE FAIR-PLAY-REGELN

Klar, wahrscheinlich willst du, dass deine Eltern, Geschwister, Lehrer und Freunde fair zu dir sind. Aber was ist überhaupt „fair“? Wie sieht ein guter Umgang miteinander aus? Denk dir ein paar Fair-Play-Regeln aus. Was darf man, was darf man nicht? Schreibe oder male deine Regeln hier auf:

MACH MIT

IRGENDWIE SIND WIR ALLE GLEICH

Klar, wir sind alle unterschiedlich – der eine mag Fußball, der andere Zeichnen und der Nächste ist vielleicht ein Mathe-Genie. Der eine glaubt an Gott, der andere an Allah und der Nächste an nichts oder nur an sich selbst. Der eine ist schwarz, der andere weiß; der eine ist groß, der andere klein; der eine ist dick, der andere dünn; der eine ... du verstehst schon. Aber unter der Oberfläche ticken wir doch alle irgendwie gleich. Wir alle haben schon mal vor einer großen Spinne gezittert, vor einer Prüfung geschwitzt oder was richtig Dummes gesagt. Wir alle haben schon mal beim Spielen die Zeit vergessen, uns über eine Überraschung gefreut oder waren neugierig auf unbekannte Orte. Wenn du mal so drüber nachdenkst, findest du bestimmt unheimlich viele Dinge, die bei den meisten Menschen ähnlich sind.

Alle Menschen
- zoffen sich manchmal mit Freunden.
- sind mal schlecht drauf.

Du merkst schon: Irgendwie verbindet uns das. Wir sind wie ein riesiges, buntes Puzzle: Alle ein bisschen anders, aber alle gleich wichtig für das Gesamtbild.

KLASSENKOMPLIZEN:

GEMEINSAM SIND WIR STARK!

Ein Superheldenteam in der Klasse zu haben, ist genial. Entdecke hier, wie du und deine Klassenkameraden zu einer unschlagbaren Truppe werden.

TIPP 68: PROJEKT-POWER:

STARTET EIN KLASSENPROJEKT, BEI DEM JEDER MITMACHEN KANN – EIN KUNSTWERK, EINE ZEITUNG ODER EIN THEATERSTÜCK. ZUSAMMEN AN ETWAS ZU ARBEITEN, VERBINDET … UND MACHT SPASS!

TIPP 69: KUMMERKASTEN BASTELN:

MANCHMAL IST ES GANZ SCHÖN SCHWER, PROBLEME DIREKT ANZUSPRECHEN. VIELLEICHT HABT IHR EINE KLASSENLEHRERSTUNDE, IN DER JEDER SAGEN KANN, WAS IHN BESCHÄFTIGT – ABER SO RICHTIG TRAUST DU DICH NICHT? IHR KÖNNTET EINEN KUMMERKASTEN BASTELN: EINEN SCHUHKARTON, IN DEN JEDER HEIMLICH UND OHNE NAMEN ZETTEL EINWERFEN KANN, DIE EUER KLASSENLEHRER DANN VORLIEST UND MIT EUCH BESPRICHT. SO WIRD DEIN THEMA BESPROCHEN, ABER NIEMAND WEISS, DASS ES VON DIR KOMMT.

TIPP 70: GEMEINSAME ZIELE SETZEN:

FINDET EIN ZIEL, DAS IHR ALS KLASSE ERREICHEN WOLLT, UND ARBEITET ZUSAMMEN DARAN. VIELLEICHT WOLLT IHR BIS ZUM SCHULJAHRESENDE EIN LIED ODER EIN KLEINES THEATERSTÜCK EINSTUDIERT HABEN?

DEIN FREUNDSCHAFTSBAUM

Freunde wachsen nicht auf Bäumen. Gut, dass du deine hast! Trag sie hier ein. Überlege dir zu jedem deiner Freunde zwei Eigenschaften oder Merkmale oder Interessen, die bei ihnen anders sind als bei dir. Danach denkst du dir zwei Dinge aus, die bei euch beiden genau gleich sind. Das kann zum Beispiel was mit eurem Aussehen, euren Eigenschaften, Interessen, Hobbys, Zielen, Ängsten zu tun haben – ganz egal.

FIT FOR FUN

DEIN KÖRPER BRAUCHT DICH

PAUSEN-POWER: SO MACHST DU GESUNDE SUPER-SNACKS

Hunger in der Pause? Geht ja mal gar nicht! Entdecke, wie du mit Super-Snacks deinen Hunger stillst und dabei super viel Energie tankst! So bist du nach der Pause garantiert fit für die nächste Stunde.

TIPP 71: FARBENFROHE FRUCHTSPIESSE: STECKE VERSCHIEDENE FRÜCHTE AUF KLEINE SPIESSE – BUNT UND LECKER.

TIPP 72: SELBSTGEMACHTE MÜSLIRIEGEL: MIXE HAFERFLOCKEN, NÜSSE UND HONIG FÜR ENERGIEREICHE SNACKS.

TIPP 73: GEMÜSE-MUFFINS: BACKE HERZHAFTE MUFFINS MIT ZUCCHINI, MÖHREN UND KÄSE. SUPERLECKER UND PERFEKT FÜR DIE PAUSE!

DEIN GEHIRN ISST MIT: WIE GUTES ESSEN DEIN GEHIRN FIT MACHT

Wusstest du, dass dein Gehirn ein echter Feinschmecker ist? Es liebt gesundes Essen! Wenn du Dinge wie Fisch, Nüsse oder Beeren isst, gibst du deinem Gehirn richtig gute Energie. Diese Lebensmittel sind wie Superkräfte für dein Denken und helfen dir, im Unterricht besser aufzupassen und dir Dinge zu merken. Omega-3-Fettsäuren in Fisch zum Beispiel sind wie Superdünger für dein Gehirn. Sie helfen, neue Gehirnzellen zu bilden, und machen es stark. Beeren sind voller Antioxidantien, die dein Gedächtnis stärken. Wenn du also das nächste Mal einen Snack wählst, denk dran: Was du isst, hilft deinem Gehirn, ein Superhirn zu werden!

WERDE KÜCHENCHEF

DEIN ERSTES EIGENES GERICHT (GESUND UND GARANTIERT GUT!)

Wer sagt denn, dass gesundes Essen langweilig ist? Du kannst sogar richtige Bilder auf deinem Teller zaubern – mit Essen! Probier's mal aus.

MACH MIT

SCHNECKE:

Lege ein Würstchen auf den Teller. Das ist der Körper der Schnecke. Darüber legst du eine kleine Portion Spaghetti mit Soße in die Form des Schneckenhauses. Am Ende will deine Schnecke natürlich auf einer grünen Wiese wohnen – hier kannst du großzügig grünen Salat, grüne Erbsen oder anderes grünes Gemüse am unteren Tellerrand verteilen. Wenn du magst, kannst du aus einer Käsescheibe noch eine Sonne schnitzen. Jetzt hast du ein leckeres gesundes, leckeres und auch noch schönes Essen.

PANDABÄR:

Für einen leckeren Panda brauchst du eigentlich nur weißen Reis und rote Kidneybohnen. Forme aus dem Reis den groben Umriss eines Pandas. Mit den Bohnen kannst du noch Augen, Nase, Ohren, Arme und Beine auflegen. Natürlich lebt auch dein Panda in der Natur. Vielleicht schmückst du deinen Teller noch mit kleinen Brokkolibäumchen?

SPIEL, SPORT UND SPASS: COOLE BEWEGUNGSSPIELE FÜR DEN SCHULHOF

Pausen sind zwar cool, aber irgendwie spielst du immer nur das Gleiche? Muss ja nicht sein! Hier findest du Ideen für abwechslungsreiche Bewegungsspiele.

TIPP 74: SCHULHOF-GOLF: NUTZE HINDERNISSE AUF DEM SCHULHOF ALS GOLFPARCOURS. MIT EINEM KLEINEN BALL UND EINEM SCHLÄGER UMRUNDEST DU VERSCHIEDENE ZIELE.

TIPP 75: TIERISCHER SPASS: WÄHLT TIERE AUS UND BEWEGT EUCH DANN SO, WIE DAS TIER ES TUN WÜRDE – KRABBELN WIE EINE KRABBE, HÜPFEN WIE EIN KÄNGURU. IHR KÖNNT DARAUS EINFACH EIN GRUPPENSPIEL MACHEN: ALLE TIERE STEHEN AUF EINER SEITE UND VERSUCHEN, AUF DIE ANDERE SEITE ZU HÜPFEN, KRABBELN, SPRINGEN, OHNE GEFANGEN ZU WERDEN. WER GEFANGEN WIRD, „VERSTEINERT“ IN DER FORM SEINES TIERES. ABER WEIL TIERE SEHR SOZIAL UND NETT ZUEINANDER SIND, VERSUCHT IHR NATÜRLICH, EUCH GEGENSEITIG ZU BEFREIEN. WENN EIN VERSTEINERTES TIER VON EINEM ANDEREN BERÜHRT WIRD, WIRD ES WIEDER FREI UND VERWANDELT SICH IN SEIN RETTER-TIER.

DEIN GEHIRN RENNT MIT

WARUM SPORT AUCH SCHLAU MACHT

Hast du schon mal von „Gehirn-Gymnastik" gehört? Das ist, wenn du deinen Körper bewegst und dabei auch dein Gehirn trainierst. Wenn du Sport treibst, pumpt dein Herz schneller und sendet Sauerstoff und Nährstoffe direkt in dein Gehirn. Das ist wie ein Energie-Boost, der deine Konzentration, Merkfähigkeit und sogar deine Stimmung verbessern kann. Forscher haben herausgefunden, dass Kinder, die regelmäßig Sport treiben, oft besser in der Schule sind. Also, schnapp dir deine Turnschuhe – es ist Zeit für ein Brain-Workout!

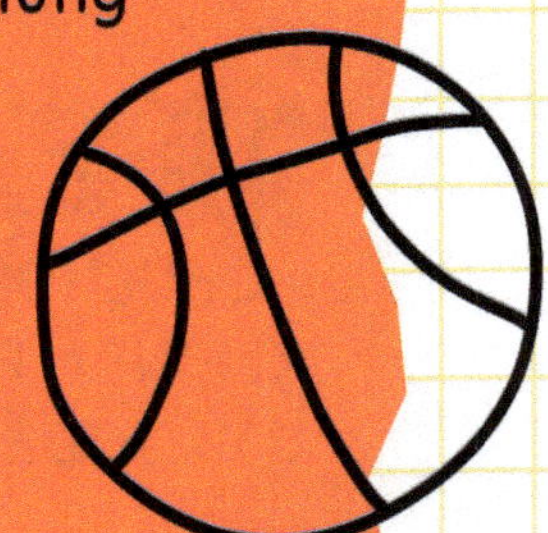

CHILL-OUT-CHAMPION: SO BLEIBST DU ENTSPANNT

„Boah, chill doch mal!" – schon mal gehört? Vielleicht sogar schon mal gesagt? Ganz so einfach, wie es klingt, ist das mit dem „Chillen" manchmal aber gar nicht. Wenn du aufgeregt, genervt oder überfordert bist, ist dein Körper in einer Art Stress. Durch schlaue „Chill doch mal"-Sprüche lässt sich das meist leider nicht beheben. Aber keine Sorge: Es gibt andere einfache Tricks, wie du dich zwischendurch mal kurz entspannen kannst, wenn dir gerade alles zu viel wird.

TIPP 76: **LÄCHEL-CHALLENGE:** SELBST WENN DU GESTRESST BIST, VERSUCH ZU LÄCHELN. STUDIEN ZEIGEN, DASS LÄCHELN DIE STIMMUNG VERBESSERN KANN. MACH EIN SPIEL DARAUS UND ZÄHLE, WIE OFT DU AM TAG LÄCHELN KANNST!

TIPP 77: **MUSIK-ZAUBER:** HÖR DEINE LIEBLINGSMUSIK! MUSIK HILFT DIR DABEI, DICH SCHNELL WIEDER BESSER ZU FÜHLEN. AM BESTEN KLAPPT DAS, WENN DU WILD DAZU TANZT ODER LAUTHALS MITSINGST. DAS VERBESSERT DEINE LAUNE GARANTIERT.

TIPP 78: **FANTASIEREISE:** SCHLIESS DIE AUGEN UND STELL DIR VOR, DU WÄRST AN EINEM WUNDERSCHÖNEN, FRIEDLICHEN ORT – VIELLEICHT AM STRAND ODER AUF EINER BLUMENWIESE. WENN DIE WELT DA DRAUSSEN DICH STRESST, KANNST DU IMMER EINE AUSZEIT IN DER WELT IN DIR NEHMEN. DA KANNST DU RICHTIGE ABENTEUER ERLEBEN. VIELLEICHT KÖNNEN DEINE ELTERN DIR DAFÜR EINE GEFÜHRTE FANTASIEREISE VORSPIELEN (GIBT'S BEI YOUTUBE, SPOTIFY UND CO) ODER DU GEHST EINFACH ALLEIN AUF DIE REISE IN DEINEM KOPF UND SCHAUST MAL, WELCHE SPANNENDEN ORTE DU MIT DEINER FANTASIE SO ENTDECKEN KANNST. DEINE FANTASIEREISE KANN DIR HELFEN, DICH ZU BERUHIGEN UND NEUE KRAFT ZU SCHÖPFEN.

TIPP 79: NATÜRLICH ENTSPANNEN:

VERBRINGE ZEIT IN DER NATUR! EIN SPAZIERGANG IM PARK ODER IM WALD KANN WUNDER WIRKEN. DIE FRISCHE LUFT UND DIE RUHIGE UMGEBUNG SIND PERFEKT ZUM ENTSPANNEN.

TIPP 80: GEDANKENARCHIV:

MANCHMAL SCHWIRREN UNS VIELE GEDANKEN DURCH DEN KOPF. SCHREIB SIE AUF EIN BLATT PAPIER ODER MALE AUF, WIE DU DICH FÜHLST. DAS HILFT, DEINEN KOPF ZU ENTLASTEN, UND DU KANNST DEINE GEDANKEN SPÄTER WIEDER ANSCHAUEN. WENN DEIN KOPF WEISS, DASS SEINE GEDANKEN NICHT VERLOREN GEHEN, WEIL DU SIE ZU PAPIER GEBRACHT HAST, KANN ER SICH BESSER WIEDER AUF ANDERE DINGE KONZENTRIEREN UND DU FÜHLST DICH BESSER UND KLARER.

DEIN GEHIRN SCHLÄFT MIT: WARUM GUTER SCHLAF SO WICHTIG IST

Stell dir vor, dein Gehirn hat einen eigenen Reinigungsdienst, der nachts zur Arbeit kommt. Wenn du schläfst, ist dein Gehirn damit beschäftigt, alles, was du am Tag gelernt hast, zu organisieren und zu speichern. Guter Schlaf hilft deinem Gehirn, Informationen besser zu verarbeiten und sich auf den nächsten Tag vorzubereiten.

Es ist, als würde dein Gehirn nachts seine Batterien wieder aufladen. Achte also darauf, dass du genug Schlaf bekommst. Am besten hältst du dich an feste Schlafenszeiten: Sie helfen dir, schneller einzuschlafen und morgens einfacher aufzuwachen. Wenn dein Körper sich an einen regelmäßigen Schlafplan gewöhnt, weiß er genau, wann es Zeit ist, sich zu entspannen und in den Schlafmodus zu wechseln. Das bedeutet, dass du nachts weniger wach liegst und dich im Bett wälzt.

MACH MIT

GESUNDHEITSQUIZ:

RATE MAL, WAS DEIN KÖRPER ALLES KANN!

WIE VIELE MUSKELN BRAUCHST DU ZUM STIRNRUNZELN?

A) 2
B) 24
C) 40

DIE HAUT IST EIN SPANNENDES ORGAN. WAS KANN SIE WOHL WIRKLICH?

A) Die obere Hautschicht erneuert sich etwa einmal im Monat komplett.
B) Die untere Hautschicht drückt auf dein Herz und hilft ihm so beim Pumpen.
C) Die Poren in der Haut können beim Duschen einen ganzen Eimer Wasser aufnehmen.

WIE LANGE BRAUCHT DEIN BLUT, UM EINMAL DURCH DEINEN GANZEN KÖRPER ZU FLIESSEN?

A) 3 Sekunden: 1, 2, 3 – nächste Runde!
B) zwischen 20 und 60 Sekunden
C) 4–5 Minuten

DA BLEIBT DIR DIE SPUCKE WEG! WIE VIEL SPEICHEL PRODUZIERT DEIN KÖRPER WOHL JEDEN TAG?

A) 250ml – also ungefähr ein Glas voll
B) 1,5 Liter – also ungefähr eine große Wasserflasche voll
C) 150 Liter – also ungefähr eine ganze Badewanne voll

WAS IST WOHL DEIN STÄRKSTER MUSKEL (WENN ALLE MUSKELN GLEICH GROSS WÄREN)?

A) Der Muskel im Oberarm – immerhin benutzt du ihn fleißig, wenn du schreibst, malst und etwas trägst
B) Der Muskel im Unterschenkel – immerhin brauchst du ihn für jeden Schritt und er muss dein ganzes Gewicht tragen
C) Der Kaumuskel in deinem Kiefer – immerhin braucht er eine Menge Kraft, um alles zerbeißen zu können.

ICH HAB DA SO'N GEFÜHL

EINE REISE INS LAND DER GEFÜHLE

ERSTE HILFE BEI WUT, ANGST UND TRAURIGKEIT

Hast du dich schon mal gefühlt, als könntest du vor Wut platzen oder alles kaputt schlagen? Oder warst du schon mal so traurig, dass du dich vor lauter Tränen kaum wieder beruhigen konntest? Gefühle können ganz schön überwältigend sein. Natürlich kannst du solche Gefühle nicht einfach wegzaubern – und das ist ja auch gut so. Trotzdem gibt es ein paar Tricks, die dir helfen können, dich wieder ein kleines bisschen besser zu fühlen.

TIPP 81: WERDE WUT-WHISPERER:

FLÜSTERE DEINE WÜTENDEN UND VIELLEICHT AUCH FURCHTBAR FIESEN UND UNGERECHTEN GEDANKEN IN EIN KISSEN, UM SIE LOSZUWERDEN. ES IST ÜBRIGENS GANZ NORMAL, DASS DU MANCHMAL GEDANKEN HAST, DIE DICH SELBST EIN BISSCHEN ERSCHRECKEN. VERSUCH AM BESTEN GAR NICHT ERST, SIE ZU STOPPEN – KLAPPT MEISTENS SOWIESO NICHT. LASS SIE LIEBER RAUS: EIN KISSEN EIGNET SICH WUNDERBAR, UM IHM ALL DIE FIESEN DINGE ZUZUFLÜSTERN – UND EIN BISSCHEN DARAUF HERUMZUSCHLAGEN.

TIPP 82: TU DIR SELBST GUTES:

MIT DER TRAURIGKEIT IST ES SO EINE SACHE. OFT HILFT ABLENKUNG GANZ GUT. ALSO ZUM BEISPIEL WAS SCHÖNES UNTERNEHMEN, MIT FREUNDEN ÜBER GANZ WAS ANDERES REDEN, LACHEN.

DAS BRINGT DICH AUF ANDERE GEDANKEN UND VERTREIBT DIE TRAURIGKEIT – ZUMINDEST FÜR EINE GEWISSE ZEIT. MANCHMAL IST ES ABER AUCH WICHTIG, SICH ZEIT FÜR DIE EIGENE TRAURIGKEIT ZU NEHMEN UND SICH EBEN GERADE NICHT ABZULENKEN. VERWIRREND. ABER WIE IMMER GILT HIER: TU DAS, WAS DIR GUTTUT. WENN DU WAS TRAURIGES ERLEBT HAST UND TROTZDEM JETZT MIT DEINEN FREUNDINNEN EIS ESSEN UND DUMME WITZE KLOPPEN MÖCHTEST, IST DAS VÖLLIG OKAY. WENN DU DICH ABER EINFACH NUR ZU HAUSE VERZIEHEN, MIT NIEMANDEM REDEN UND STUNDENLANG WEINEN MÖCHTEST, IST DAS GENAUSO OKAY.

TiPP 83: **TAPFERKEITS-TAKTIK:** DU HAST ANGST?

GLÜCKWUNSCH, DANN BIST DU WOHL EIN MENSCH! ANGST ZU HABEN IST TOTAL NORMAL UND MENSCHLICH. DAMIT DEINE ANGST DICH JETZT ABER NICHT LÄHMT UND VON ALL DEN SCHÖNEN, COOLEN UND AUFREGENDEN DINGEN IN DEINEM LEBEN ABHÄLT: ZÄHME SIE! NIMM IHR DEN SCHRECKEN! STELLE DICH DEINER ANGST IN KLEINEN SCHRITTEN. IMMER UND IMMER WIEDER. DU KANNST BEOBACHTEN, WIE ES DIR JEDES MAL EIN BISSCHEN LEICHTER FÄLLT.

AUCH SCHLECHTE GEFÜHLE SIND GUTE GEFÜHLE

Manchmal fühlst du dich vielleicht traurig, wütend oder ängstlich, und das ist total in Ordnung. Mehr noch: Es ist sogar gut. Klingt komisch, ist aber so: Deine Wut, Angst, Trauer und Co. sind total wichtige Wegweiser für dich. Sie zeigen dir, dass etwas nicht stimmt und wo du mal genauer hinschauen solltest, damit du dich wieder besser fühlen kannst.

Wenn du furchtbar wütend bist, lohnt sich zum Beispiel mal ein Blick dahinter: Warum macht es dich denn so sauer, dass deine Eltern die Übernachtung bei der Party von deinem Schulfreund nicht erlauben? Vielleicht steckt da ja eigentlich vielmehr die Angst dahinter, ausgeschlossen zu werden, weil du dann was verpasst hast? Und deine Angst meint es eigentlich nur gut mit dir, auch wenn es sich vielleicht nicht so anfühlt. Deine Angst will dich nämlich beschützen, damit du keine Dummheiten machst. Deswegen werden auf dem Drei-Meter-Brett deine Beine ganz schön wackelig. Deine Angst warnt dich, dass das ganz schön gefährlich sein könnte. Sie weiß nämlich nicht, dass unter dir ein Wasserbecken ist.

Und Trauer ist zum Beispiel ein sehr guter Wegweiser. Mit großer Kraft zeigt sie dir sehr eindrücklich, was dir eigentlich wichtig ist. Wenn du jemanden oder etwas vermisst, weißt du erst, wie wichtig es dir eigentlich ist. Wenn du bei einem Streit mit einem Freund weinst, merkst du erst, wie sehr du ihn eigentlich magst und brauchst.

Wenn du gut auf deine Gefühle achtest, können sie dir immer geheime Botschaften über dich selbst verraten. Wenn du dir nicht sicher bist, erzähl deinen Eltern oder Lehrern von deinen Gefühlen. Bestimmt findet ihr zusammen heraus, was sie dir sagen möchten.

HEUTE IST EINFACH ALLES DOOF! SO ÜBERSTEHST DU RICHTIG MIESE TAGE

Papa nervt, die Freundin stresst und Hausaufgaben vergessen hast du auch noch? Es gibt Tage, an denen alles einfach irgendwie doof ist. Diese Tage, an denen man am liebsten einfach wieder ins Bett gehen und auf bessere Tage warten würde. Aber keine Sorge: Auch ohne die Bett-Flucht kommen garantiert bessere Tage – wahrscheinlich schon morgen. Diese Tipps helfen dir, durchzuhalten, wenn alles schiefgeht.

TIPP 84:

FINDE KUSCHEL-KOLLEGEN: WUSSTEST DU, DASS UMARMUNGEN LEBENSWICHTIG SIND? KLINGT VERRÜCKT, IST ES AUCH. TROTZDEM STIMMT ES: REGELMÄSSIGE UMARMUNGEN HELFEN UNS MENSCHEN DABEI, UNS ZU ENTWICKELN UND VOR ALLEM: UNS GUT ZU FÜHLEN. WISSENSCHAFTLER GEHEN SOGAR DAVON AUS, DASS UNGEFÄHR VIER UMARMUNGEN PRO TAG NÖTIG SIND, UM GESUND UND MUNTER ZU BLEIBEN. MIT ACHT UMARMUNGEN PRO TAG FÜHLEN WIR UNS DANN RICHTIG GUT. UND BEI ZWÖLF UMARMUNGEN KÖNNEN WIR DANN SO RICHTIG GUT LERNEN UND ÜBER UNS HINAUSWACHSEN. NATÜRLICH SIND UMARMUNGEN JETZT KEINE GLÜCKSGARANTIE. DU KANNST SIE NICHT WIE MEDIZIN GEGEN SCHLECHTE TAGE NEHMEN: SCHNELL VIERMAL JEMANDEN UMARMEN UND ALLES IST WIEDER GUT. GANZ SO KLAPPT'S AUCH NICHT. ABER PROBIER'S TROTZDEM MAL AUS. BEI JEDER UMARMUNG PASSIERT ETWAS IN DEINEM GEHIRN, WAS DICH EIN KLEINES BISSCHEN GLÜCKLICHER FÜHLEN LÄSST. DABEI IST ES ÜBRIGENS EGAL, WEN DU UMARMST – HAUPTSACHE, DU FÜHLST DICH WOHL DABEI. HAUSTIERE SIND AUCH WUNDERBARE KUSCHELPARTNER.

TIPP 85: **TANZPAUSE:** WAHRSCHEINLICH IST DIR AN EINEM RICHTIG MIESEN TAG NICHT GERADE NACH TANZEN ZUMUTE. PROBIER'S DOCH TROTZDEM MAL AUS. STELLE DEIN LIEBLINGSLIED AN UND TANZE WILD DURCH DEIN ZIMMER. DU WIRST SEHEN, DASS ES DIR DANACH BESSER GEHT!

TIPP 86: **ABLENKUNG:** MACH WAS. IRGENDWAS. WENN DU EINEN SCHLECHTEN TAG HAST, HILFT ES DIR, WENN DU WAS SCHÖNES MACHST. FINDE WAS, WAS DIR SPASS MACHT. VIELLEICHT NIMMST DU DIR HEUTE MAL BESONDERS VIEL ZEIT FÜR DEIN HOBBY. ODER DU MACHST ES DIR IN EINER KUSCHELHÖHLE SO RICHTIG GEMÜTLICH UND LIEST MIT HEISSER SCHOKOLADE DEIN LIEBLINGSBUCH ODER GUCKST DEINEN LIEBLINGSFILM. ODER DU SCHNAPPST DIR EIN PAAR SPIELSACHEN UND NIMMST EIN AUSGEDEHNTES BAD.

MACH MIT

FINDE DEIN VENTIL:

IDEEN ZUM AUSPROBIEREN ZUM DAMPF-ABLASSEN UND ABREAGIEREN

Aaaaaargh! Manchmal muss man einfach Dampf ablassen. Hier findest du Ideen zum Ausprobieren:

Brülleimer: Schrei mal alles raus! So laut du kannst. Stecke deinen Kopf dafür am besten in einen leeren Eimer oder in ein Kissen – dann ist es nicht ganz so laut.

Lass es knacken: Vielleicht kennst du diese Luftpolsterfolie mit den runden Knubbeln aus Luft. Wenn ihr so etwas im Haus habt, kannst du sie ja mal Knubbel für Knubbel zerplatzen lassen. Oder darauf herumstampfen. Macht Spaß und beruhigt. Oder du zerreißt Papier in viele kleine Schnipsel.

Boxkissen: Boxen tut gut – gerade bei Wut. Jetzt hat aber leider nicht jeder einen Boxsack zu Hause … aber das macht gar nichts! Du kannst auch auf ein Kissen oder auf deine Matratze einschlagen. Funktioniert genauso gut.

Wirf deine Wut weg! Zerknüll alte Zeitungen oder Papiere zu Papierkugeln und wirf sie mit aller Kraft gegen eine Wand. Wenn du weiche Bälle hast, kannst du auch die verwenden.

Werde zum stampfenden Stinkstiefel! Hast du noch ein altes Paar Gummistiefel? Perfekt! Zieh sie an und stampf, so laut du kannst. Am besten gehst du dafür nach draußen. Vielleicht findest du ja auch ein paar Pfützen, in denen du herumstampfen kannst.

VON AUFGEREGTEN AFFEN UND MITFÜHLENDEN RATTEN. GEFÜHLE IN DER TIERWELT

Wenn deine Familie einen Hund hat, weißt du wahrscheinlich, wie Freude bei Hunden aussehen kann: Schwanzwedeln, aufgeregtes Hin- und Herhopsen, fröhliches „Singen". Wie genau Hunde ihre Freude ausdrücken kann von Hund zu Hund sehr unterschiedlich sein. Spannend ist: Alle Hunde können sich freuen, genau wie wir Menschen. Okay, das ist jetzt noch nicht die bahnbrechende Erkenntnis, wahrscheinlich wusstest du das schon längst. Aber wusstest du auch dass Affen Lampenfieber haben können, Ratten Mitgefühl mit anderen Ratten zeigen und Elefanten richtige Trauerrituale haben, wenn ein Familienmitglied stirbt? Oder dass Schafe sich langweilen können, Krokodile total gerne Quatsch machen und auf dem Wasser „surfen" und Rinder sogar Tränen vergießen können, wenn sie traurig sind? Das überrascht dich? Nicht nur dich! Die Menschen, die Tiere erforschen, haben das auch lange nicht geglaubt. Sie dachten, dass Tiere vor allem ihren Instinkten folgen, also zum Beispiel essen und schlafen. Im Laufe der letzten Jahre gab es aber ganz viele Forschungen und Beobachtungen, bei denen herauskam: Tiere haben Gefühle, genau wie wir. Und zwar nicht nur Gefühle wie Freude und Trauer, sondern auch so etwas wie Scham, Langeweile oder einfach Spaß. Cool, oder?

WOHER WEISS ICH, WIE ES MIR GEHT?

Man kann sie nicht sehen, man kann sie nicht schmecken oder riechen – man kann sie ja nicht einmal besonders gut beschreiben. Gar nicht mal so leicht, den eigenen Gefühlen auf die Spur zu kommen! Klar, manchmal sind sie sehr eindeutig – wenn du dich auf die Sommerferien freust oder jemand mit dir schimpft zum Beispiel. Aber auch ohne so einen bestimmten Anlass fühlst du dich ja immer irgendwie ... aber wie eigentlich?

TIPP 87: **STILLE-MINUTEN:** NIMM DIR EIN PAAR MINUTEN ZEIT, UM STILL ZU SEIN UND IN DICH HINEINZUHORCHEN. WIE FÜHLT SICH DEIN KÖRPER AN? WAS DENKST DU? WIE KANNST DU BESCHREIBEN, WIE ES DIR GEHT, WENN DU NICHT „GUT“ ODER „NICHT SO GUT“ SAGEN DÜRFTEST? SOLCHE KURZEN MOMENTE HELFEN DIR DABEI, ÖFTER HERAUSZUFINDEN, WIE ES DIR EIGENTLICH GEHT

TIPP 88: **ÜBUNG MACHT DEN MEISTER:** VERSUCH MAL, DICH JEDEN TAG MEHRMALS KURZ ZU FRAGEN, WIE ES DIR GERADE SO GEHT. DU MUSST NATÜRLICH KEINE LANGEN ANTWORTEN FINDEN. ACHTE LIEBER AUF DIE SCHNELLEN ERSTEN GEDANKEN, DIE DIR SO KOMMEN. WENN DIR WAS RICHTIG TOLLES PASSIERT, HÖR KURZ IN DICH HINEIN. WIE FÜHLT SICH DAS GERADE AN?

HAST DU VIELLEICHT EIN BISSCHEN HERZKLOPFEN ODER ZITTRIGE HÄNDE? WENN DU SO RICHTIG SAUER BIST, NIMM AUCH DAS GENAU WAHR: WIRD DIR VIELLEICHT WARM ODER HAST DU EINEN KLOSS IM HALS? WENN DU OFT AUF DEINE GEFÜHLE ACHTEST, WIRD ES DIR MIT DER ZEIT IMMER LEICHTER FALLEN, SIE ZU ERKENNEN. UND WENN DU SIE ERKENNST, KANNST DU AUCH DARÜBER REDEN. UND WENN DU DARÜBER REDEST, KANNST DU GANZ VIELE MISSVERSTÄNDNISSE UND STREITIGKEITEN KLÄREN, BEVOR SIE ENTSTEHEN.

WIE GEHT'S DIR?

Hör mal kurz in dich hinein: Wie geht's dir gerade? Schreib oder mal auf, wie du dich gerade fühlst. Oder du überlegst mal, in welchen Momenten du dich gut fühlst und in welchen eher nicht so. Vielleicht findest du so heraus, was für dich gut und wichtig ist.

MACH MIT

VON DER KUNST, IM JETZT ZU SEIN: WAS ACHTSAMKEIT SO ALLES KANN

Vielleicht hast du schon mal von Achtsamkeit gehört. Und wahrscheinlich warst du selbst sogar schon oft achtsam, ohne es zu wissen. Was verbirgt sich überhaupt hinter diesem etwas sperrigen Erwachsenenwort? Rate mal! Nein, mit der Zahl acht hat das nichts zu tun. Nope, auch nicht mit Samen. Aaaaber: „auf etwas achten“, den Ausdruck kennst du bestimmt. Und genau darum geht's bei der Achtsamkeit. Du achtest auf etwas ganz Bestimmtes.

Achtsamkeit bedeutet, Detektiv im Moment zu sein. Es geht darum, genau zu merken, was um dich herum und in dir vorgeht. Wenn du zum Beispiel tanzt, denkst du nur an die Musik und deine Bewegungen, nicht an die Hausaufgaben oder das Mittagessen. Es hilft dir dabei, dich zu konzentrieren und dich weniger gestresst und fröhlicher zu fühlen. Du bemerkst mehr von der Welt um dich herum und verstehst besser, was du brauchst. Und wie übt man das? Ganz einfach: Nimm dir Zeit für die kleinen Dinge. Am besten jeden Tag. Mehrmals. Spüre, wie sich der Wind anfühlt, höre wirklich zu, wenn jemand spricht, oder schmecke dein Essen ganz bewusst.

WARUM BAUCHGEFÜHL NICHTS MIT HUNGER ZU TUN HAT

Stell dir vor, ein neues Kind kommt in deine Klasse und noch bevor du auch nur mit ihm geredet hast, weißt du: Wir werden Freunde! Oder: Du kommst nach Hause, deine Mutter begrüßt dich, dein Vater kocht euer Abendessen – und obwohl die beiden ganz normal zu dir sind, spürst du: Es gab Streit, irgendwas stimmt nicht. Oder: Bei dir steht ein großer Schulwechsel an und du besuchst verschiedene Schulen, um sie dir mal anzuschauen. Und obwohl es bei einer Schule coolere Spielzeuge gibt als in der anderen, weißt du, dass du lieber in die andere willst. Kennst du solche Momente? Dann hast du wohl ein gesprächiges Bauchgefühl! Dein Bauchgefühl ist wie ein Kompass in deinem Bauch, der dir zeigt, welcher Weg der richtige ist. Es sagt dir, wenn etwas gut oder schlecht für dich ist, auch wenn du es nicht erklären kannst. Das Bauchgefühl hilft dir, schnell zu reagieren, besonders in neuen Situationen. Die gute Nachricht: Jeder von uns hat einen solchen Entscheidungshelfer. Die noch bessere Nachricht: Du kannst üben, diese Stimme wieder öfter zu bemerken. Die schlechte Nachricht: Oft ist es gar nicht so eindeutig, was eigentlich unser Bauchgefühl ist und was zum Beispiel Wunschdenken oder auch einfach Angst. Aber wenn du erst mal darauf achtest, wirst du bald ahnen, wie du deine innere Stimme erkennst.

HÖR AUF DEINEN BAUCH!

Hast du gewusst, dass dein Bauchgefühl manchmal schlauer ist, als du denkst? Entdecke, wie du auf deine innere Stimme hörst und was sie dir zu sagen hat.

TIPP 89: SPIEL MIT DEINEM BAUCHGEFÜHL: ÜBE, KLEINE ALLTAGSENTSCHEIDUNGEN MIT DEINEM BAUCHGEFÜHL ZU TREFFEN. IN DER PAUSE FUSSBALL SPIELEN ODER GUMMITWIST? BEIM MITTAGESSEN NOCH EINEN NACHSCHLAG ODER REICHT EINE PORTION? MIT FREUNDEN TREFFEN ODER LIEBER EINEN NACHMITTAG ALLEIN VERBRINGEN? VERSUCH MAL, BEI ALL DIESEN KLEINEN ENTSCHEIDUNGEN IM ALLTAG AUF DEINEN BAUCH ZU HÖREN. WAHRSCHEINLICH BIST DU OFT NICHT SICHER, WAS ER SAGT – MACHT NICHTS. MACH EINFACH IMMER DAS, VON DEM DU GLAUBST, DASS ES JETZT FÜR DICH RICHTIG IST.

TIPP 90: BAUCHGEFÜHL-EXPERIMENTE: TESTE DEIN BAUCHGEFÜHL IN SICHEREN SITUATIONEN UND SCHAUE, OB ES DICH RICHTIG LEITET. WENN DU ZUM BEISPIEL DAS GEFÜHL HAST, DASS DIE STIMMUNG ZU HAUSE KOMISCH IST, FRAG NACH. WENN DU DAS GEFÜHL HAST, JEMAND STEHT HINTER DIR, DREH DICH UM. WENN DU PLÖTZLICH DAS GEFÜHL HAST, DEINEM FREUND KÖNNTE ES NICHT GUT GEHEN, RUF AN. NATÜRLICH BIST DU KEIN HELLSEHER, ABER DU WIRST ÜBERRASCHT SEIN, WIE OFT DU BEI SO ETWAS RECHT BEHÄLTST.

DIE WICHTIGSTE SCHATZSUCHE DER WELT

FINDE DIE SCHÄTZE IN DIR

GEH AUF SCHATZSUCHE!

In jedem von uns schlummern verborgene Talente und Fähigkeiten – echte Schätze, die nur darauf warten, entdeckt zu werden. Denke mal darüber nach: Was kannst du besonders gut? Womit verbringst du am liebsten deine Zeit? Die Schulzeit ist eine großartige Gelegenheit, um diese Fragen zu erforschen. Vielleicht findest du heraus, dass du ein genialer Maler bist, ein kluger Problemlöser oder ein geborener Teamplayer. Erkunde verschiedene Aktivitäten in der Schule und außerhalb und sei offen für Neues. Du wirst überrascht sein, welche Schätze du in dir findest.

SO FINDEST DU DEINEN INNEREN SUPERHELDEN

Jeder hat einen inneren Superhelden – ja, auch du! Manchmal verstecken die sich ganz gut, weil wir uns vor ihrer Kraft selbst ganz schön erschrecken könnten. Aber wenn du dich traust, immer ein bisschen mutiger zu sein, als du dich eigentlich fühlst, wirst du Stück für Stück deinen inneren Superheld entdecken.

TIPP 91: **ENTDECKE DEINEN SUPERHELDEN:** ÜBERLEGE DIR EINEN COOLEN SUPERHELDENNAMEN UND EINE BESONDERE FÄHIGKEIT, DIE DU HABEN MÖCHTEST. VIELLEICHT HAST DU AUCH SCHON EINEN SUPERHELDEN IM KOPF UND WÄRST GERN GENAUSO WIE ER? DAS COOLE IST: DAS BIST DU SCHON! DIE MEISTEN FÄHIGKEITEN UND EIGENSCHAFTEN, DIE DEIN SUPERHELD HAT, SIND AUCH IRGENDWO IN DIR. VERSUCH MAL, DICH TOTAL IN DEINEN HELDEN HINEINZUVERSETZEN: WIE GEHT ER? WIE SPRICHT ER? WAS SAGT ER? WIE HÄLT ER SEINEN KÖRPER? WAS MAG ER? UND DANN KANNST DU IM ALLTAG IMMER MAL WIEDER IN SEINE ROLLE SCHLÜPFEN, ALS WÜRDEST DU THEATER SPIELEN. VIELLEICHT FÄLLT ES DIR AM ANFANG ETWAS SCHWER. ABER GERADE IN MOMENTEN, IN DENEN DU DICH UNSICHER FÜHLST, KANN DIR DAS TOTAL HELFEN. ÜBERLEG EINFACH, WAS DEIN SUPERHELD MACHEN WÜRDE.

TIPP 92: **KOMPLIMENTE-KISTE:** SCHREIBE DIR SELBST JEDEN TAG (ODER ZUM BEISPIEL JEDEN SONNTAG) EIN KOMPLIMENT AUF EINEN ZETTEL UND SAMMLE DIESE IN EINER BOX. WENN DU NOCH NICHT SCHREIBEN KANNST ODER DIR NICHTS SO RICHTIG EINFÄLLT, KANNST DU AUCH JEMANDEN IN DEINER FAMILIE DARUM BITTEN, BIS DU DANN IRGENDWANN MITMACHST.

DAS KANN ALLES MÖGLICHE SEIN: „DEIN GRINSEN IST TOTAL ANSTECKEND“, „DU KANNST RICHTIG GUT ZUHÖREN“, „HEUTE HAST DU DEINEM FREUND SEHR GEDULDIG BEI DEN HAUSAUFGABEN GEHOLFEN“ UND SO WEITER. DU KANNST NATÜRLICH AUCH „ICH“ SCHREIBEN. IRGENDWANN ÖFFNEST DU DEINE KOMPLIMENTE-KISTE UND LIEST ALLES NOCH MAL ODER LÄSST ES DIR VORLESEN. KANN ES SEIN, DASS DU NE GANZ SCHÖN COOLE SOCKE BIST?

TIPP 93: **HELDENPOSE:** ÜBE JEDEN TAG EINE SUPERHELDEN-POSE VOR DEM SPIEGEL, MIT DER DU DICH STARK UND UNBESIEGBAR FÜHLST. DIESE POSE IST DANN AUCH SO WAS WIE EIN GEHEIMER TRICK VON DIR. WENN DU ZUM BEISPIEL EINEN AUFTRITT HAST, IN EINE NEUE KLASSE KOMMST ODER SONST IRGENDWAS VORHAST, VOR DEM DU AUFGEREGT BIST, NIMM VORHER DEINE HELDEN-POSE EIN! SO FÜHLST DU DICH SICHERER ... UND NATÜRLICH HELDENHAFTER.

KEINE ANGST VOR DER ANGST

Hast du schon mal von einem Superhelden gehört, der niemals Angst hat? Gibt's nicht! Jeder hat mal Angst. Superhelden geht es da nicht anders. Aber weißt du, was die Superhelden so super macht?

Sie tun Dinge, auch wenn sie Angst haben. Mutig zu sein heißt nämlich nicht, keine Angst zu haben. Im Gegenteil: Mutig sind die Menschen, die Angst vor etwas haben – und es trotzdem tun. Das kannst du auch! Jedes Mal, wenn du etwas machst, obwohl du Angst hast, bist du super mutig. Denk daran: So schlimm sich Angst auch anfühlen kann, eigentlich tut sie dir nichts. Sie ist nur ein Gefühl, das dich unbedingt beschützen will. Aber ja … manchmal übertreibt sie dabei ein bisschen. Und manchmal auch ein bisschen viel. Aber: Du kannst ihr den Kampf ansagen … und dazu musst du nicht erst Karate lernen oder erwachsen werden. Quatsch! Das einzige hilfreiche Mittel gegen die Angst ist: Mut. Der Mut, Dinge auch mit wackelnden Knien, zittrigen Händen, brüchiger Stimme und Schweiß auf der Stirn zu tun. Je öfter du dich im Alltag solchen Herausforderungen stellst, desto leichter werden sie dir von Mal zu Mal fallen. Das kann alles Mögliche sein: Vielleicht fragst du mal einen Fremden nach der Uhrzeit? Oder gehst ein Stück deines Schulwegs allein? Mut kann nämlich genauso trainiert werden wie ein Muskel. Und Übung macht ja bekanntlich den Meister!

DEIN MUT-TRAININGSPLAN

Also denk dir doch mal einen Mut-Trainingsplan für die nächste Woche aus. Welche klitzekleinen, aber trotzdem herausfordernden Dinge fallen dir ein?

ÜBUNG AM MONTAG:

ÜBUNG AM DIENSTAG:

ÜBUNG AM MITTWOCH:

ÜBUNG AM DONNERSTAG:

ÜBUNG AM FREITAG:

MACH MIT

SO WIRST DU DIR DEINER ZIELE SICHER …

UND ERREICHST DEINE ZIELE SICHER!

Hast du schon mal Fußball gespielt, so richtig mit zwei Mannschaften, auf einem Fußballfeld, aber ohne Tore? Wahrscheinlich nicht, oder? Wenn ihr nicht wenigstens mit Taschen, Jacken und Co. die Pfosten markieren könnt, macht das Spiel irgendwie nicht so richtig viel Sinn. So ist das auch mit Zielen. Viele Menschen haben gar keine konkreten Ziele – und wundern sich dann, wenn sie auf dem Fußballplatz des Lebens ein bisschen wirr durch die Gegend stolpern. Mit diesen Tipps passiert dir das nicht.

TIPP 94: **DEINEN ZIELEN AUF DER SPUR:** UM HERAUSZUFINDEN, WAS DEINE ZIELE SIND, SAMMEL DOCH ERST EINMAL ALLES, WAS DU IRGENDWIE COOL FINDEST. FOTOS VON DINGEN, DIE DIR SPASS MACHEN; COOLE HOBBYS, VON DENEN DU MAL GEHÖRT HAST; GESCHICHTEN VON MENSCHEN AUS BÜCHERN ODER FILMEN, DIE ETWAS TOLLES ERREICHT HABEN. SCHNEIDE DAFÜR FOTOS AUS ODER MALE SELBST BILDER. DU KANNST DARAUS EINE COLLAGE BASTELN UND SIE GUT SICHTBAR IN DEINEM ZIMMER AUFHÄNGEN. SO WIRST DU IMMER AN DEINE TRÄUME, WÜNSCHE UND ZIELE ERINNERT. DAS HILFT DIR, SIE NICHT AUS DEN AUGEN ZU VERLIEREN. AUSSERDEM WEISS DEIN GEHIRN SO, WONACH ES IM ALLTAG AUSSCHAU HALTEN MUSS – UND DU BEMERKST DIE MÖGLICHKEITEN, DIE DICH ZU DEINEM ZIEL FÜHREN, VIEL LEICHTER.

TIPP 95: **SCHRITTE-PLAN:** ÜBERLEGE DIR, WAS IM MOMENT DEIN HAUPTZIEL IST. VIELLEICHT WILLST DU IM SOMMER SO GUT LESEN KÖNNEN, DASS DU IN DEN SOMMERFERIEN EIN GANZES BUCH ALLEINE LESEN KANNST? ODER DU WILLST DICH TRAUEN, ENDLICH VOM DREI-METER-BRETT ZU SPRINGEN? DANN ZERLEGE JEDES ZIEL IN KLEINE SCHRITTE. DU KÖNNTEST ZUM BEISPIEL JEDEN TAG EINE SEITE LESEN. ODER ERST MAL ÜBEN, SO OFT VOM EIN-METERO-BRETT SPRINGEN, BIS ES DIR GAR NICHTS MEHR AUSMACHT. SO KANNST DU MIT FAST JEDEM DEINER ZIELE VORGEHEN. ZERLEGE SIE IN SO KLEINE MINI-SCHRITTCHEN, DASS SIE DIR LÄCHERLICH EINFACH VORKOMMEN. DAS SORGT DAFÜR, DASS DU DRANBLEIBST UND DICH REGELMÄSSIG ÜBER DEINE ERFOLGSERLEBNISSE FREUEN KANNST. UND GANZ NEBENBEI KOMMST DU DANN AUCH AN DEIN ZIEL.

TIPP 96: **FEHLER DÜRFEN AUCH NICHT FEHLEN:** AUF DEM WEG ZU DEINEM ZIEL WIRST DU BESTIMMT MAL DEN EIN ODER ANDEREN DOOFEN FEHLER MACHEN. ZUM GLÜCK! AUS FEHLERN LERNT MAN SCHLIESSLICH. UND DAS IST KEIN BLÖDER LEHRERSPRUCH, DAS STIMMT! ZUMINDEST IM BESTEN FALL. NATÜRLICH KANNST DU DICH AUCH GRÜN UND BLAU ÄRGERN ÜBER DEINEN FEHLER. ODER ABER DU DENKST DARÜBER NACH, WIE ES DAZU GEKOMMEN IST. WAS KANNST DU BESSER MACHEN, DAMIT ES DAS NÄCHSTE MAL BESSER KLAPPT? FEHLER KÖNNEN RICHTIGE GLÜCKSGRIFFE SEIN, WEIL SIE DIR WUNDERBAR BEIBRINGEN, WAS DU ÄNDERN KANNST – BESSER ALS JEDES NOCH SO TOLLE ERFOLGSERLEBNIS.

TIPP 97: **ERFOLGE FEIERN:** FEIERE JEDEN KLEINEN SCHRITT AUF DEM WEG ZUM ZIEL. DU HAST DREI SÄTZE GELESEN, OHNE ABGELENKT ZU WERDEN? DU HAST DICH GETRAUT, DREI SEKUNDEN UNTERZUTAUCHEN? WIE COOL! SEI STOLZ AUF DICH! DU KANNST DIR AUCH SELBST KLEINE BELOHNUNGEN FÜR DICH AUSDENKEN. SO WAS WIE: „WENN ICH MICH TRAUE, VOM EIN-METER-BRETT ZU SPRINGEN, GIBT'S MEIN LIEBLINGSESSEN.“

GLAUB NICHT ALLES, WAS DU DENKST!

Manchmal denken wir ganz schön blöde Dinge. Vor allem über uns selbst. Vielleicht denkst du, dass du etwas nicht kannst oder dass du nicht so toll bist wie andere. Aber das sind nur Gedanken. Nur weil du sie denkst, sind sie noch lange nicht wahr! Das Gemeine daran: Wenn du ganz oft denkst, du kannst nicht singen, wirst du natürlich auch nicht oft singen. Vor allem nicht, wenn andere Menschen dabei sind. Wenn ihr also in der Klasse eine coole Frontsängerin sucht, wirst du dich niemals freiwillig melden. So wirst du nie locker und frei mit deiner Stimme herumprobieren. Das Ergebnis: Wenn du irgendwann dann doch mal singst, ist deine Stimme natürlich total ungeübt. Vielleicht hört sich das dann tatsächlich nicht so gut an wie bei anderen.

Dein Gedanke, dass du nicht singen kannst, ist also wahr geworden. Klingt verrückt, klappt aber bei ganz vielen Dingen: Was du über dich selbst und deine Fähigkeiten denkst, wird am Ende wahr, einfach nur, weil du daran glaubst. Stell dir vor, du könntest deine Gedanken wie in einem Videospiel verändern. Jedes Mal, wenn ein schlechter Gedanke kommt, drück auf den Stopp-Knopf und denke stattdessen etwas Tolles über dich. Wie wäre es mit „Ich kann alles lernen, was ich will!"? Deine Gedanken sind mächtig – nutze sie für dich!

SO WIRST DU VOM MÄUSCHEN ZUM MUT-TIGER

Kennst du das Gefühl, dich wie ein Mäuschen zu fühlen – klein und auch ein bisschen unsichtbar? Macht nix! Wenn du anfängst, deine eigenen Ängste zu überwinden, wirst du schnell über dich hinauswachsen. Du wirst schon sehen: Plötzlich wird aus dem kleinen Mäuschen ein großer, starker Mut-Tiger!

TIPP 98: **FINDE EINEN MUT-BUDDY:** FINDE EINEN FREUND, MIT DEM DU GEMEINSAM MUTIG SEIN KANNST. IHR KÖNNT EUCH JEDEN TAG ERZÄHLEN, WELCHE KLEINEN HERAUSFORDERUNGEN IHR HEUTE MEISTERN WOLLT. SO MACHT IHR EUCH GEGENSEITIG MUT UND BLEIBT AM BALL: SCHLIESSLICH WOLLT IHR EUREN BUDDY JA AUCH NICHT ALLEIN LASSEN!

TIPP 99: **MUT-GESCHICHTEN:**

DU GLAUBST, DASS DU ETWAS NIE SCHAFFEN KANNST? DU DENKST, DU BIST ZU KLEIN, UM ETWAS ZU VERÄNDERN? DU HAST TOTAL ANGST VOR ETWAS? MUTMACH-GESCHICHTEN SIND IMMER EINE GUTE IDEE. DAFÜR EIGNEN SICH WAHRE GESCHICHTEN VON ECHTEN MENSCHEN, DIE TOLLE DINGE ERREICHT HABEN, OBWOHL ALLE WELT DAVON AUSGING, DASS DAS NICHT GEHT. BEETHOVEN ZUM BEISPIEL KOMPONIERTE MUSIK UND WURDE DADURCH BEKANNT – OBWOHL ER FAST TAUB WAR. ODER AUCH J. K. ROWLING, DIE BERÜHMTE AUTORIN VON „HARRY POTTER". SIE HATTE EINE SEHR SCHWERE ZEIT VOR IHREM DURCHBRUCH. DIE MEISTEN VERLAGE LACHTEN SIE ANFANGS FÜR IHRE BUCHIDEEN AUS. ABER WIE DU WEISST, HAT SICH IRGENDWANN TROTZDEM EIN VERLAG GEFUNDEN, DER „HARRY POTTER" VERÖFFENTLICHTE – UND ROWLING ZU IHRER WELTBERÜHMTHEIT VERHALF.

TIPP 100: **NUTZE DIE MACHT DER AFFIRMATIONEN:**

SCHON MAL WAS VON AFFIRMATIONEN GEHÖRT? KLINGT NACH EINER AFFEN-FIRMA, HAT DAMIT ABER NICHTS ZU TUN. AFFIRMATIONEN SIND KLEINE MUTMACHSÄTZE, DIE DU DIR SELBST SAGST. WENN DU DIR ZUM BEISPIEL JEDEN TAG SAGST: „ICH BIN MUTIG!", WIRD ES IMMER LEICHTER FÜR DICH, DAS AUCH ZU GLAUBEN. UND WENN DU DARAN GLAUBST – DANN BIST DU ES AUCH. WIEDERHOLE ALSO JEDEN TAG EIN PAAR SOLCHER SÄTZE ZU DEINEM MUT. DU KANNST SIE DIR VOR DEM SPIEGEL INS GESICHT SAGEN, BEIM ZÄHNEPUTZEN VOR DICH HINDENKEN ODER AUCH BEIM EINSCHLAFEN.

EGAL WIE KLEIN: NEIN HEISST NEIN!

Weißt du eigentlich, dass du eine unsichtbare Superkraft hast? Mit nur einem Zauberwort kannst du sie auslösen: „Nein!“ Es ist wie ein Schutzschild, der dich vor Dingen bewahrt, die du nicht willst. Aber nein, es geht nicht darum, wie du nie mehr Hausaufgaben machen oder den Müll rausbringen musst, sorry! Dafür aber um etwas noch viel Wichtigeres: um dich!

Wenn jemand etwas von dir will, zum Beispiel, dass du ihm einen komischen Gefallen tust, sag Nein! Wenn jemand nie die Hausaufgaben macht und immer deine abschreiben will, sag Nein! Wenn jemand dein Pausenbrot essen will, obwohl du selbst Hunger hast, sag Nein!

Manchmal scheint es, als würdest du damit Freunde verlieren oder als Spaßverderber dastehen, aber von wegen! Nein zu sagen ist ein Zeichen von echter Stärke. Wenn du Nein sagst, zeigst du der Welt: „Ich weiß, was ich will und was nicht!“ Das ist supercool und superwichtig. Es ist wie ein lautes „Ja! zu dir und deinen Grenzen. Nein zu sagen bedeutet, dich selbst ernst zu nehmen – und das ist das Coolste überhaupt!

NEIN! EINFACH NEIN!

Egal, ob du schon schreiben kannst oder nicht: Das Wort „NEIN“ kannst du gar nicht oft genug üben. Schreibe es hier nach. Oft!

NEIN!

MACH MIT

LÖSUNGEN

FINDE DEINEN WEG ZUR SCHULE!

Dieser Weg ist der richtige:

FAKE NEWS QUIZ

Diese Fakten sind falsch:

TIERE UND IHRE SUPERKRÄFTE
3. Ein neu entdecktes Insekt in Australien kann durch Wände sehen – Forscher sind erstaunt über diese Entdeckung.

VULKANE
2. Expertenwarnung: Unter New York bildet sich ein riesiger Vulkan! Unmittelbare Gefahr für Millionen!

TIERE IM WELTRAUM
2. Astronauten haben auf dem Mond eine geheime Katzenkolonie entdeckt! Klicke hier, um das unglaubliche Video zu sehen!

UNTERWASSERWELT
3. Unglaublich! Delphin bringt Tiefseetaucher in Not zurück zu seinem Boot! Hier klicken, um die rührende Geschichte zu lesen!

GESUNDHEITS-QUIZ

RATE MAL, WAS DEIN KÖRPER ALLES KANN!

Diese Antworten sind richtig:

WIE VIELE MUSKELN BRAUCHST DU ZUM STIRNRUNZELN?
- C) 40

DIE HAUT IST EIN SPANNENDES ORGAN. WAS KANN SIE WOHL WIRKLICH?
- A) Die obere Hautschicht erneuert sich etwa einmal im Monat komplett.

WIE LANGE BRAUCHT DEIN BLUT, UM EINMAL DURCH DEINEN GANZEN KÖRPER ZU FLIESSEN?
- B) zwischen 20 und 60 Sekunden

DA BLEIBT DIR DIE SPUCKE WEG! WIE VIEL SPEICHEL PRODUZIERT DEIN KÖRPER WOHL JEDEN TAG?
- B) 1,5 Liter – also ungefähr eine große Wasserflasche voll

WAS IST WOHL DEIN STÄRKSTER MUSKEL (WENN ALLE MUSKELN GLEICH GROSS WÄREN)?
- C) Der Kaumuskel in deinem Kiefer – immerhin braucht er eine Menge Kraft, um alles zerbeißen zu können.

IMPRESSUM

HERAUSGEBER:
LOVELYPUBLI GMBH
MICHAELKIRCHPLATZ 1
10179 BERLIN
INFO@LOVELYPUBLI.DE

TEXT:
LINA WESEMÜLLER

LAYOUT UND COVERDESIGN:
DAGMARA BAER & FEZARENC VARAN

ISBN: 978-3-910904-90-3
DRUCK UND DISTRIBUTION: AMAZON KDP

Printed in Poland
by Amazon Fulfillment
Poland Sp. z o.o., Wrocław

50176635R00069